La bonne soupe

Isabelle Roberts et Raphaël Garrigos

La bonne soupe

Dessins de Lolmède

les arènes

Du rab de *Bonne Soupe* sur le site www.arenes.fr

3, rue Rollin, 75005 Paris
Tél. : 01 42 17 47 80 – Fax : 01 43 31 77 97
arenes@arenes.fr

Avertissement

Fin août 2005, après plusieurs mois d'enquête, nous avons informé TF1 que ce livre était en préparation et que nous envisagions de le publier autour du 22 février 2006, date anniversaire de l'arrivée de Jean-Pierre Pernaut au journal télévisé de 13 heures de la chaîne. Le même jour, nous avons très officiellement demandé à rencontrer non seulement Jean-Pierre Pernaut mais aussi Patrick Le Lay, président-directeur général de TF1, Étienne Mougeotte, vice-président, directeur général de l'antenne, ainsi que Robert Namias, directeur de l'information. Réponse de TF1 : non.

Nous avons réitéré plusieurs fois ces demandes auprès de la chaîne au cours des mois suivants. La réponse ? Toujours négative. En dernier recours, tout début 2006, Laurent Beccaria, directeur des Arènes, écrivait à Jean-Pierre Pernaut pour de nouveau lui demander de nous accorder un entretien. Réponse : non, non et non.

Entre-temps, en novembre 2005, était annoncée la parution d'un livre de Jean-Pierre Pernaut. Date de publication : février 2006.

Mais avant de commencer ce livre...
...les prévisions météo d'Évelyne Dhéliat!

Chaque jour, depuis dix-huit ans, la même litanie des petits métiers agonisants comme un monument aux morts perpétuel. Chaque jour, depuis dix-huit ans, la même leçon de morale dispensée par de vertueux ancêtres : ne pas oublier les traditions, ne pas oublier d'aider Mémé, ne pas oublier ses vieilles recettes. Chaque jour, depuis dix-huit ans, la même récitation ânonnée : ces atolls – petits villages, petits ports, petits chemins – préservés, mais pour combien de temps encore ? Chaque jour, depuis dix-huit ans, la même prophétie de l'apocalypse du porte-monnaie : la baguette qui augmente, encore, les fournitures scolaires qui augmentent, encore, les factures, les tomates sur le marché, encore, encore. Chaque jour, à 13 heures, depuis dix-huit ans, plus de sept millions de téléspectateurs – plus de la moitié de l'audience à cette heure-là – ingurgitent la bonne soupe du journal télévisé de Jean-Pierre Pernaut. Devant Pernaut mais surtout devant TF1. Et chaque jour, depuis dix-huit ans, la même question : à quoi sert Pernaut ? Ah bah, vous rétorquera-t-on au zinc, fait de l'audience, plaît aux publicitaires, z'achètent des écrans, payent cher, Pernaut, y rapporte de l'argent, y fait monter le cours de l'action, y fait rentrer les stock-options. Oui mais pas seulement. Au détour d'un de ces improbables grimoires relatant la pensée profonde de patrons français, *Les Dirigeants face au changement* (de quoi?), publié par d'improbables Éditions du Huitième Jour, Patrick Le Lay, président-directeur général de TF1, a vendu la mèche :

«*À la base, le métier de TF1, c'est d'aider Coca-Cola, par exemple, à vendre son produit [...]. Or pour qu'un message publicitaire soit perçu, il faut que le cerveau du téléspectateur soit disponible. Nos émissions ont pour vocation de le rendre disponible : c'est-à-dire de le divertir, de le détendre pour le préparer entre deux messages. Ce que nous vendons à Coca-Cola, c'est du temps de cerveau humain disponible [...]. Rien n'est plus difficile que d'obtenir cette disponibilité. C'est là que se trouve le changement permanent. Il faut chercher en permanence les programmes qui marchent, suivre les modes, surfer sur les tendances, dans un contexte où l'information s'accélère, se multiplie et se banalise.*»

Rendre le cerveau du téléspectateur disponible. Le préparer à être bien réceptif aux messages publicitaires qui encadrent chacune des émissions de TF1. Comme «Star Academy», comme «l'Île de la tentation», comme «Attention à la marche» qui le précède et comme *Les Feux de l'amour* qui le suivent, Jean-Pierre Pernaut sert à préparer le cerveau du téléspectateur à recevoir les écrans de pub qui ouvrent et ferment son journal télévisé. Une fonction facile pour « Star Academy » : reposé par du divertissement, détendu par de la chansonnette, l'émotion l'attendrissant comme un boucher attendrit une viande, le cerveau du téléspectateur est une éponge quand les trois caractères de TF1 s'entrecroisent et s'entrelacent, annonçant une quinzaine de spots de pub. Mais Pernaut, comment fait-il pour assouplir le cerveau ? Car l'info, ce sont des grèves, des explosions de voitures piégées dans le centre de Bagdad, des cours du baril qui s'envolent ou s'effondrent, des guerres et des référendums européens. De quoi vous traumatiser sérieusement un cerveau et l'empêcher de remplir la mission fixée par Patrick Le Lay : acheter du Coca-Cola. Pourtant, Pernaut y parvient puisque, depuis dix-huit ans, il est l'un des héros de TF1, chaîne impitoyable qui n'anoblit ses employés qu'au-dessus de 40 % de parts de marché. Depuis dix-huit ans, Pernaut remplit sa mission, il divertit, détend, vend à Coca-Cola du temps de cerveau humain disponible. Recette.

Première partie :

Dans la marmite de Jean-Pierre Pernaut

1. Les ingrédients du « 13 heures »

TF1, 13 heures, générique. Comme à 20 heures, l'alarmante déflagration de violons dramatiques retentit, soutenue par le crépitement d'une batterie de sombres percussions. À l'image, ce globe d'un bleu glacial tourne inlassablement tandis que des chiffres sans queue ni tête jaillissent vers l'écran avant que se forment les mots « 13 heures » puis la date du jour. Même générique, même plateau, même décor que la grand-messe du « 20 heures ». Après, ça n'a plus rien à voir. On entre dans le grand n'importe quoi de Jean-Pierre Pernaut. Prenez un journal de 13 heures au hasard, peu importe lequel, et bienvenue dans un autre monde. 18 décembre 2005, alors qu'Ariel Sharon est sous le coup d'un premier accident cérébral, alors qu'une enseignante d'Étampes a été poignardée par un élève, alors que le sommet de l'OMC s'achève, Jean-Pierre Pernaut a choisi. Ce sera Maurice. Maurice, 100 ans, et qui conduit encore sa voiture, une Renault Super 5 que, dans le commentaire, le journaliste appelle «*une quatre chevaux*». Le voilà l'autre monde de Pernaut. Un monde où, le 24 mai 2005, Josette, «*une grand-mère de 69 ans [qui] passe son bac*», fait l'ouverture du «13 heures». Un monde d'information parallèle où, le 25 août 2005, Pernaut, entre deux crashes d'avion au Venezuela et à Los Angeles, n'hésite pas un instant pour l'ouverture de son JT : «*Et d'abord l'émotion de toute une commune de Haute-Garonne après une décision de la DDASS de fermer une maison de retraite.*»

Et tous les jours, c'est la même chanson : le 24 août 2004, voilà notre Pernaut qui entame son JT par «*l'histoire étonnante d'un autocollant devenu célèbre en quelques jours, une petite pastille inventée par le gouvernement pour coller sur sa boîte aux lettres et dire "Non à la pub!" dans les boîtes aux lettres*». Empilement de sujets sans hiérarchie apparente, pas de ligne directrice sinon des transitions à la marabout-bout de ficelle, pas de rubriquage comme le font les autres JT, pas non plus – et c'est le seul dans ce cas – de sommaire annonçant le déroulé du journal : à première vue, le journal télévisé de Jean-Pierre Pernaut est totalement foutraque. C'est un bazar où l'on glane les informations les plus farfelues. Un almanach télévisé qui n'oublierait pas de vous rappeler de repiquer vos oignons. Ainsi, le 10 mai 2005, Pernaut attaque bille en tête son édition par l'éclosion des premiers coquelicots qui annoncent l'été. Le lendemain, c'est le premier jour des saints de glace, et il était apparemment impossible d'en faire autre chose que le premier titre du « 13 heures » de TF1. Difficile au premier coup d'œil de comprendre la logique du journal de Jean-Pierre Pernaut, sinon qu'il se termine irrémédiablement par de longs sujets tournés en région et qu'il est ponctué de reportages à haute teneur en franchouillardise mettant en scène commerçants et retraités qui, invariablement, se plaignent sinon du temps qu'il fait, du moins du temps d'avant qu'est mort et qui ne reviendra plus.

Pourtant, à le regarder de près, à le disséquer, à s'astreindre au visionnage intensif du Pernaut, cet embrouillamini de coquelicots naissants et de maisons de retraite fermant leurs portes révèle une ossature intangible. Chaque jour, le « 13 heures » de TF1 se décline en quatre parties bien distinctes pour se terminer invariablement par la Bourse. Chaque jour la météo, suivie chaque jour de l'actu à la Pernaut (coquelicots ou l'histoire étonnante – c'est Pernaut qui le dit, merci de le croire – de l'autocollant « Non à la pub ! »), chaque jour suivie de l'actu obligatoire, la vraie, expédiée en une ou deux minutes (la voiture piégée à Bagdad, c'est là, gaffe à ne pas la rater) et enfin, chaque jour que Pernaut fait, le dernier savetier de Trifouillis-les-Oies.

Il en faut beaucoup pour ébranler l'implacable mécanique du « 13 heures » de TF1. De mémoire de zappeurs, les accrocs sont rares. Il faut du lourd, du gros, du chaud : par leur retentissement, par leur ampleur, certains événements internationaux, le 11 septembre new-yorkais, le 11 mars madrilène et la tuerie de la prise d'otages de Beslan, par exemple, ont fait vaciller le canevas de béton de Jean-Pierre Pernaut plusieurs jours de suite et renvoyé les habituelles ouvertures pernautiennes au marbre. Sur le plan national, l'incendie de l'hôtel Opéra en août 2005, l'accession de Le Pen au deuxième tour de l'élection présidentielle en avril 2002 ont eux aussi ébranlé le conducteur. Un autre type d'événement pousse également Pernaut à modifier le cours de son JT : la concurrence. Il sait bien, le bougre, qu'à chaque fois que France 2 lui colle un nouveau challenger, les journalistes ont tous le même réflexe : comparer le nouveau à l'ancien. Et à chaque fois, notre Jean-Pierre de nous présenter bien sagement un JT des plus classiques, histoire de souffrir la comparaison. Il a agi ainsi le jour de l'arrivée d'Élise Lucet à 13 heures sur France 2, à la rentrée 2005, et le 6 septembre 2004, quand la Deux lui a mis Christophe Hondelatte dans les pattes. Ce jour-là, Pernaut, c'était quasi *Le Monde diplomatique* : six sujets consacrés à l'épilogue sanglant de la prise d'otages de Beslan, en Ossétie du Nord, puis un long sujet sur les otages français Christian Chesnot et Georges Malbrunot en Irak...

Mais le reste du temps, c'est-à-dire tout le temps, Pernaut suit invariablement et tranquillement son sillon, bien creusé depuis dix-huit ans.

« Notre coup d'œil habituel aux prévisions météo d'Évelyne Dhéliat »

Après son sempiternel «*Mesdames et Messieurs bonjour*» qui ouvre le JT, Pernaut lance son non moins sempiternel «*coup d'œil habituel aux prévisions météo d'Évelyne Dhéliat*» (à remplacer, les jours de RTT d'icelle, par Catherine Laborde ou Sébastien Folin). La carte de France, telle la page d'un livre, recouvre Pernaut le temps de la météo de l'après-midi, avant de se refermer. Un trucage visuel rappelant «les Dossiers de l'écran» et abandonné à la télé depuis des lustres. En quinze secondes, tout le monde aura eu le temps de repérer son coin de France et Pernaut enchaîne immédiatement, souvent dans la même phrase, avec l'actualité. Du moins son actualité.

Indéboulonnable gimmick, il est très rare que le «*Tout de suite, notre petit coup d'œil habituel aux prévisions d'Évelyne Dhéliat*» soit repoussé. Le 2 février 2004 cependant, Pernaut entame son journal directement par «*Le premier commentaire de Jacques Chirac après la condamnation d'Alain Juppé : "La France a besoin d'hommes comme lui", a dit le chef de l'État que nous entendrons dans quelques instants.*» L'affaire est d'importance qui mérite que Pernaut bouleverse son imperturbable mécanique. Qu'on se rassure, la transgression a été somme toute légère et indolore puisque, ce même jour, il raccroche illico les wagons : «*Auparavant, notre coup d'œil habituel aux prévisions météo d'Évelyne Dhéliat.*» Ouf, on a eu peur… De même que ce «13 heures» de décembre 2004 où Pernaut semble nous jeter Évelyne Dhéliat à la poubelle pour balancer un pur scoop : l'annonce en exclusivité dans son JT par Jean-Pierre Raffarin *himself*, s'il vous plaît, de «*cinquante projets pour moderniser les transports dans les régions*». Et Évelyne, bon dieu ? C'est qu'on le change pas comme ça d'un coup d'un seul notre Jean-Pierre : «*Auparavant, comme d'habitude, petit coup d'œil…* »

« Et pour commencer ce journal »

Pernaut est régulièrement raillé pour la fin de son journal, celui où il explore la France en sabots crottés. Il y aurait, chez Pernaut, la partie magazine du JT, celle dont tout le monde rigole, et avant, la partie normale où il fait un vrai JT, comme les autres. Erreur : écoutez France Info, regardez à 12 h 30 le journal de France 3, puis, une demi-heure plus tard, celui de Pernaut. Rien à voir. Une fois passée la météo, Pernaut entame son journal avec son actualité, l'actu à la Pernaut. L'actu de tout le monde, telle que la hiérarchisent les autres journaux, celle qui fait le matin la une de la presse, du *Figaro* au *Parisien*, celle de PPDA quelques heures plus tard sur TF1, de Pujadas, sur France 2, viendra plus tard, c'est pas pour Pernaut tout ça. Quand, le 25 août 2005, lui choisit la fermeture d'une maison de retraite, le «20 heures» est au diapason du reste des médias et de l'actualité du moment en ouvrant sur la «liste noire» des compagnies aériennes divulguée par le gouvernement français, après le crash au Venezuela. Pas prioritaire pour Pernaut. Quand, quelques jours plus tard, toutes les télés attendent le déferlement du cyclone Katrina sur La Nouvelle-Orléans, Pernaut n'en a cure et démarre son JT par un de ses dadas : la hausse du prix de l'essence. Accompagnée de l'indispensable micro-trottoir qui, chez lui, tient lieu de parangon de la vérité populaire.

Et c'est chaque jour la même chose : le «13 heures» de TF1 a sa propre actualité, qui n'a rien à voir avec celle des autres JT, pas même avec celle de son rival direct, le «13 heures» de France 2. Ainsi, le 19 septembre 2003, premier sujet : un reportage au Cros-de-Cagnes (Alpes-Maritimes), «*redevenu un charmant petit port de pêche*» depuis le départ des touristes. À 20 heures, Claire Chazal entame son JT par un rebondissement dans l'affaire du Temple solaire. Oh, ne croyez pas que l'histoire n'intéresse pas Pernaut. Lui aussi évoque le sujet mais à sa sauce. C'est-à-dire qu'il l'accommode d'un reportage sur les lieux du suicide collectif où l'on marche sur les pas d'un retraité qui se lamente de cette sale affaire : «*Ça a tué la simplicité de notre village*»...

Pour entamer son JT, Pernaut a quelques sujets de prédilection : fermeture d'école ou de maison de retraite. Une vraie marotte chez lui. Le 22 octobre 2003, c'est à Wimille (Pas-de-Calais) que se déroule l'événement du jour, celui qui s'impose à l'ouverture du journal : la fermeture d'une maison de retraite, donc. Un sujet lancé ainsi par Pernaut : «*Et pour commencer ce journal, encore un gros problème dans une maison de retraite.*» Le sujet suivant, ce sera toujours de l'actu à la Pernaut : «*Encore une histoire lamentable.*» Celle de l'expulsion de propriétaires de mobile homes. Que se passe-t-il donc ce 22 octobre 2003, qui explique ce choix éditorial ? On le verra à 20 heures chez PPDA, qui entame son édition par, oh, trois fois rien, une broutille : l'assassinat à Abidjan de Jean Hélène, journaliste de RFI.

Même décalage le 3 février 2004. Tous les journaux, toutes les radios, toutes les télés sont suspendus aux lèvres d'Alain Juppé après sa condamnation en première instance par le tribunal de Nanterre. Et Pernaut ? Pernaut s'en fout, il a choisi du concret. Pas le temps d'attendre Juppé. On commence par les terribles fissures défigurant les maisons d'Haleine (Orne), tout ça à cause du passage incessant des poids lourds, puis un accident d'ascenseur à Amiens (Somme), puis un autre, mais de passage à niveau cette fois, à Illfurth (Haut-Rhin)…

L'actu à la Pernaut, c'est environ cinq reportages en début de JT : 1'30" chacun, 1'50" au grand maximum, micro-trottoir inclus. Soit au total à peu près dix minutes passées à parler de tout et de rien. Mais surtout de rien.

« Et puis dans l'actualité »

Pernaut ne parle jamais de l'actualité internationale, persiflent les mauvaises langues. Faux : jamais, au grand jamais, Pernaut ne négligera la mort de trois soldats américains à Tikrit, ni un convoi américain attaqué à l'Ouest de Bagdad, pas plus qu'un oléoduc explosant dans le Nord de l'Irak. Mais quinze secondes suffisent bien. Ce *« et puis dans l'actualité »* intervient toujours au même moment, dix minutes après le début du JT, une fois l'actu à la Pernaut épuisée : en une minute et demie, il fait le tour de l'actualité incontournable, celle dont se repaissent les autres JT et la presse écrite. Chez Pernaut, en une minute et demie, tout est dit. C'est quinze secondes d'images et le présentateur qui parle en voix off. Une vague de boue caresse-t-elle quelques villages français en septembre 2005 que l'affaire mérite ses trois-quatre sujets tandis que les inondations ravageant en même temps une bonne partie de l'Europe centrale n'auront droit qu'à une brève. *« Si j'ai envie d'avoir des nouvelles sur Israël,* déclare Pernaut, *je me branche sur une chaîne israélienne [...]. Si je veux des infos pointues sur les élections américaines, je me branche sur CNN. »*[1] Ah d'accord.

1. *« Nos régions » selon Jean-Pierre Pernaut. Pétainisme ou pittoresque ?*, Michel Le Guénic, Éditions France Europe, 2003.

L'actu obligatoire, c'est du grand art. Le 19 septembre 2003, en une seule phrase et quinze secondes tout juste, sur des images infrarouges montrant des soldats américains en Irak, Pernaut évacuera les trois GI's tués, le convoi attaqué et l'explosion de l'oléoduc. De la même façon, le 22 octobre 2003, il expédie en moins d'une minute l'adoption du budget de l'État à l'Assemblée nationale, l'assassinat de Jean Hélène et le refus onusien de voir Israël poursuivre la construction de son mur. Emballé, c'est pesé.

« Et maintenant, l'actualité des belles choses »

«*L'actualité des belles choses*», c'est à partir de 13 h 15 environ, le Pernaut que tout le monde connaît, ce Pernaut contant les petits métiers moribonds. C'est du Pernaut en roue libre. Au fur et à mesure qu'il déroule cette partie du JT, les sujets s'allongent pour atteindre parfois plus de sept minutes à la fin du journal. C'est aussi la partie la plus longue, la partie magazine, celle du « dernier savetier de Trifouillis-les-Oies », qui a fait la réputation de Jean-Pierre Pernaut. Mais ce grand chapitre du JT de 13 heures – les trois quarts de la vingtaine de sujets du journal – ne démarre pas d'emblée par le savetier. Doucement… S'agirait pas de faire sursauter le téléspectateur en pleine digestion.

Quelques reportages, d'abord, s'accrochent à l'actualité « normale » mais souvent de façon périlleuse. Le 19 septembre

2003, par exemple, la canicule, sujet alors en pleine actualité, est évoquée au travers d'un reportage sur… la raréfaction des anchois en Méditerranée et l'occasion de bien belles images de pêche, de chalutiers et de marins aux visages burinés par la houle et ravinés par le sel. Vers 13 h 20-13 h 25, on verse enfin dans le Pernaut d'Épinal et ses longs reportages sur «*une très belle foire aux béliers*» à Roure, dans les Alpes-Maritimes (5/09/2005), sur le brame des cerfs (19/09/2003), les 150 ans du «P'tit Quinquin» (25/11/2003), «*les splendides veillées que les Corses aiment organiser l'été*» (25/08/2005), la polenta dans le cadre d'une série sur «*les bons petits plats qui tiennent au corps*» (27/01/2004). La veille, c'était la marmite sarthoise et le lendemain, ce sera la maouche ardéchoise (des légumes cuits dans une panse de porc) ou, évidemment, les «*vieux métiers menacés*» tel celui fermant le JT du 10 février 2004 : près de quatre minutes sur un charron auvergnat. Cette «*actualité des belles choses*» qu'annonce Pernaut au milieu de son JT, c'est La Chapelle-des-Fougeretz (Ille-et-Vilaine) qui, comme chaque année, organise sa «*grande fête des confitures*» (5/09/2005) ; c'est «*Adèle, 83 ans*», qui enseigne l'art de confectionner des gnocchis (9/02/2004) ; ou, le lendemain, la dernière revue Holiday on Ice ; puis, «*toujours dans l'actualité des belles choses, une belle cérémonie*», la distinction par le Premier ministre et le président du Sénat des meilleurs apprentis de France.

Parfois, «*l'actualité des belles choses*» se thématise : le 30 janvier 2004, c'est «*l'actualité animalière*» pour évoquer l'agnelage dans l'Hérault. Plus souvent, c'est «*l'actualité des régions*» avec, le 25 novembre 2003, une «*grande marée d'automne*» en Loire-Atlantique et «*même si la pêche est moyenne, il y a le plaisir*». «*Actualité de nos régions*» encore, le 24 août 2004, avec l'arrivée des champignons à Villefranche-du-Périgord (Dordogne) ou des cigognes à Carentan (Manche). Après Pernaut, on ne pourra pas dire qu'on ne savait pas pour les cigognes de Carentan et les champignons périgourdins.

« Pendant ce temps-là, la Bourse… »

Et puis, en queue du journal de Pernaut, il y a irrémédiablement la Bourse, dont il nous donne chaque jour le bulletin de santé. C'est un simple indicateur, en hausse ou en baisse, le plus souvent en baisse, comme le symptôme d'un monde qui va mal mais ça pourrait être pire. Une Bourse à laquelle nous – le téléspectateur, Pernaut – ne comprenons rien : «*Pendant ce temps-là, la roue tourne et la Bourse continue à baisser*» ; «*Avant de nous quitter, la Bourse, pour une fois elle commence bien*» ; « *Terminons le journal avec la Bourse, qui ne va pas bien*» ; « *La Bourse, en voyant tout ça, est en pleine forme*»… Le chiffre, la hausse, la baisse, finalement, personne n'en a cure. C'est un baromètre de l'humeur quotidienne. Si ça va bien, elle monte, si ça va pas, elle baisse et c'est pas grave.

2. L'obsession des régions

«*Ma principale occupation en vacances, c'est de vivre avec la nature. Au risque de ne pas paraître original, je vais me rendre dans le jardin potager de ma maison en Picardie.*» Cette déclaration mémorable n'est pas tirée d'un sujet du JT de Jean-Pierre Pernaut consacré aux hobbies des Français en vacances, elle est signée de Pernaut soi-même parlant de ses propres congés payés. Cette noble aspiration, Pernaut la pratique tel un sacerdoce tout au long de l'année : la nature, la campagne, la région, la terre (qui ne ment pas…).

Fin janvier 2004, le président chinois Hu Jintao est en visite à Paris. Un événement diplomatique traité *a minima* par Pernaut : juste un peu de tour Eiffel éclairée en rouge en l'honneur de l'illustre visiteur et les embouteillages causés par sa venue. Afin d'éviter «*pour les Parisiens d'énormes bouchons*» et les «*embouteillages dus au président chinois*», Pernaut détaille dans deux éditions de suite les quartiers et les rues de Paris menacés d'encombrements. Et conclut: «*Finalement, on n'est pas malheureux quand on habite à la campagne.*» Sûr que là-bas, au moins, pas un seul Chinois, fût-il illustre, ne viendra troubler la quiétude des petits chemins (qui sentent la noisette).

« On oublie la modernité, on repart dans la nature »

C'est par cette phrase que, le 28 janvier 2003, Pernaut fait l'enchaînement entre un sujet sur les sonneries de téléphones portables téléchargeables sur Internet et un reportage suivant une classe de neige d'enfants bretons. Modernité futile de la ville et vérité de la nature, tel est le contraste que Pernaut pratique chaque jour. Le 8 septembre 2005, à Coudray-au-Perche (Eure-et-Loir), c'est un jardin de dahlias que nous fait visiter Pernaut. Des dahlias qui, précise le commentaire du reportage, ont poussé «*sans arrosage, ni engrais*», rien de chimique, Madame, que du naturel. Et les heureux propriétaires? Un vieux couple, Omer et sa compagne, deux siècles à eux deux. Car la nature, bien sûr, ça conserve, c'est «Madame Fleur» (c'est ainsi qu'on surnomme dans le coin la femme d'Omer, nous apprend le commentaire) qui le dit : «*À vivre dans la verdure, on garde sa verdeur.*»

À la campagne, pas d'ordinateur ni d'Internet à en croire Pernaut. Son «*On repart dans la nature*», utilisé sans relâche, est un passeport pour quitter la ville, sa vitesse, sa corruption, sa fausseté. Un passeport pour goûter aux vertus de la campagne et de ses salades sauvages, d'un hameau perdu au cœur des Pyrénées ou d'une station balnéaire à l'arrière-saison. Rien de mieux qu'une station balnéaire en plein hiver, à en croire le «13 heures» de TF1 où ce type de sujets se multiplie sitôt les vacances scolaires terminées. Pourquoi ? Parce que la station balnéaire est enfin délestée de ses touristes qui l'ont souillée l'été durant (et fait vivre aussi, mais bon, c'est un détail) et qui ont enfin regagné la grise ville. Ainsi le 29 août 2005 était-on à Pornic (Loire-Atlantique) pour y «*profiter de la mer sans la foule de l'été*». Écoutez cette femme sur la plage : «*On est tout seuls, c'est bien.*»

Avec ce sésame enchanteur, «*On repart dans la nature*», Pernaut nous promet monts et merveilles et même «*des petits paradis*». En l'espèce, des jardins ouvriers où, à défaut de potagers, «*on cultive surtout l'amitié et la convivialité*» (22/10/2003). Un reportage sur la visite d'un club du troisième âge chez un horticulteur nantais et c'est l'occasion de recueillir une nouvelle ode à la nature : «*Les bois, la nature,* explique une vieille femme, *c'est ça qu'on devrait apprendre à tous.* » Suivez la dégustation d'eau du robinet à laquelle se livrent les habitants de Bourgueil (25/11/2003) et écoutez le constat définitif de ce vigneron au palais très sûr : « *Il y a une déviation aromatique, c'est moisi, c'est l'eau de la ville* »...

Car la nature, chez Pernaut – sous ce terme générique, il englobe la campagne et ses fameuses régions –, c'est ce qui est pur, vrai, raisonnable, solidaire. En Corse, le 26 janvier 2004, on chante les louanges de Pierre l'épicier qui a eu l'idée incroyable de faire livrer les commissions à ses clients par Jérôme le facteur. Un élan d'entraide qu'on ne verrait pas en ville, c'est sûr.

Le 30 janvier 2004, alors que l'actualité chez Pernaut est à la neige, les citadins prennent une sacrée leçon de relativité en Haute-Loire. Les pieds dans la neige recouvrant la campagne, une femme tempère : « *C'est la saison, c'est pas pire qu'ailleurs.* » Une morale des régions dont la ville devrait s'inspirer commente ensuite Pernaut d'un air pincé, alors qu'avec « *deux centimètres dans la région parisienne, on a bloqué toute l'économie* ». D'ailleurs, quand Pernaut s'aventure – c'est rare – à Paris, c'est pour vanter le paysan madré qui y a réussi, tels, le 26 septembre 2003, les Aveyronnais de Paris, qui restent en clan et qui, la retraite venue, s'empresseront de quitter l'air vicié de la ville.

La décentralisation de l'information

Pourtant, le « 13 heures » de Jean-Pierre Pernaut n'est pas le journal des régions. Il ne délivre pas l'actualité des régions comme le font les éditions régionales et locales de France 3 qui s'adressent à un public restreint puisque circonscrit au décrochage en question. Non, simplement, il se déroule en régions. Mais, alors qu'un journal de presse quotidienne régionale donne des nouvelles de la région, Pernaut, lui, donne des nouvelles de la France à toute la France par le biais des régions : la hausse du tabac concerne toute la France, mais le « 13 heures » en parle depuis la Bretagne. En réalité, Pernaut a inventé l'information décentralisée : pas besoin d'entendre un ministre justifier depuis Paris l'augmentation du prix des cigarettes, administrez plutôt un « micro-trot' » (c'est l'abréviation en vigueur à TF1) bien senti, écoutez plutôt l'Auguste, vieillard tabagique breton, il nous dira parfaitement cette actualité depuis son petit village de Port-Saint-Père (Loire-Atlantique). De même, point n'est besoin de graphique montrant la hausse du prix du pétrole ou de discours d'expert de l'OCDE, allons plutôt à Port-en-Bessin (Calvados) prêter l'oreille aux pêcheurs que l'augmentation du prix du gazole inquiète. En plus, le pêcheur donne le prix du gazole en francs : « *Je vais le dire en francs parce que moi je suis resté au franc.* » Quand, en février 2004, la visite médicale pour les conducteurs de plus de 75 ans est décidée, qui le « 13 heures » de Pernaut va-t-il interroger ? Un certain Léonce, à Lavérune (Hérault), qui estime que *« c'est pas les vieux qu'il faut regarder, c'est souvent les jeunes qui font les couillons sur la route »*. Un sacré expert, ce Léonce, qui se rendra tout de même prudemment à sa visite médicale à pied.

Ce parti pris de passer l'actualité par le prisme des régions laisse aussi entendre que là, à la campagne, dans les petits villages, tout est plus *« vrai »* qu'à la ville. En région, on a de *« vrais »* hivers et de *« vrais »* problèmes. D'ailleurs, le terme très parisien, donc forcément un peu louche, de « province » est proscrit chez Pernaut qui ne le prononce jamais. Et ce « tout ce qui n'est pas Paris », à savoir les régions, voire la nature, se mélange dans un magma de valeurs estampillées « vraies » dont la capitale est écartée. Finalement, il n'y a que le Parisien qui pourra se sentir légèrement exclu. Et encore, la notion de région est-elle, au « 13 heures », extrêmement floue et fluctuante. La seule ville, c'est Paris. Même les grandes villes de province sont transformées en petits villages. Ainsi, dans ce reportage du 25 novembre 2003, voit-on le pompier, le facteur et l'éboueur faire le tour des habitants pour vendre leur calendrier. Quel est donc cet aimable hameau, ce petit bled où tout le monde se connaît, où l'on glisse un petit biffeton au facteur pour son calendrier avec les chatons dessus ? C'est Lille, tout de même quatrième ville française, que Pernaut n'envisage pas autrement que comme un gros bourg. De même, en novembre 2005, Pernaut nous emmène-t-il à Lempdes, «*un petit village du Puy-de-Dôme*», pour y recueillir l'avis des habitants sur les émeutes en banlieue. Petit village? Vérification faite, Lempdes compte 9 200 habitants, une petite – certes – ville située dans la banlieue de Clermont-Ferrand. Lempdes, une ville, une vraie, ses quatre écoles maternelles, ses trois écoles primaires, son collège, son usine aéronautique et son Pierre-Jules Boulanger, inventeur de la 2CV (car Lempdes s'est autoproclamée «*capitale de la 2CV*», un bon sujet, ça, Jean-Pierre). Mais chez Pernaut, ni Lempdes ni Lille ne sont des villes. Ce sont des régions.

Les Français de Pernaut

> « *Campagne : les gens de la campagne*
> *meilleurs que ceux des villes. Envier leur sort.* »
> Gustave Flaubert, *Dictionnaire des idées reçues*.

Pas étonnant alors que ces régions, si authentiques, tant au fait des vrais problèmes des Français, regorgent d'habitants au petit poil : natures, francs, de bon sens. Ils portent la bonne parole, souffrent mais savent que tout est relatif.

Figure tutélaire du «13 heures» de Pernaut : le petit commerçant. Lui sait. Lui voit les prix augmenter à ses étals et lui voit l'eau grimper jusque-là alors que l'an dernier elle n'était même pas là. Et où le trouve-t-on, le petit commerçant ? Eh bien, dans la petite ville ou dans le petit village, *of course*. Comme dans ce JT du 24 novembre 2003 où pour parler des inondations à Avèze (Gard), les caméras du « 13 heures » ont convoqué commerçants et restaurateurs sous prétexte que, justifie la voix off, *« ils ont subi la crue »*. Et ce Gérard, boucher dans la Nièvre, qui n'arrive pas à trouver de repreneur, dans le JT du 22 août 2005, au grand dam de ses clientes : *« Qu'est-ce qu'on va devenir sans vous, depuis le temps qu'on se connaît ? »* Lui seul sait la valeur du vrai travail : *« C'est sept jours sur sept, bien plus que trente-cinq heures. »* Sous-entendu : pas comme ces paresseux de fonctionnaires qui hantent les villes.

Autre figure du JT de Pernaut : le paysan qui lui aussi *« subit de plein fouet l'augmentation »* du pétrole. Comme le petit commerçant, le paysan, chez Pernaut, est à la fois victime et exemplaire. Pas question de parler de ces céréaliers richissimes qui vont faire des « opérations escargot » sur leurs gros tracteurs, le « 13 heures » de TF1 leur préfère cet agriculteur croisé dans le JT du 24 août 2004 qui espère *« expliquer ses problèmes au public autrement qu'en manifestant »*. Comment ? En organisant un concours de labours...

Enfin, c'est en région que l'on trouve le héros de Pernaut, celui qui alimente son « 13 heures » depuis dix-huit ans : le garant de la tradition. Il flaire les pièges de la vie moderne et ne s'y laisse pas enfermer. C'est lui le dernier savetier de Trifouillis-les-Oies.

C'est ce charron, Alain Montpied, que l'on trouve en Auvergne et qui pousse le perfectionnisme jusqu'à exercer son vieux métier avec de vieux outils, naturellement plus solides et plus efficaces que les modernes, et ce dans l'atelier de son grand-père qui n'a pas bougé depuis les années 1930. C'est aussi Didier, un boulanger qui est venu s'installer à Ascros, dans les Alpes-Maritimes (5/09/2005). Un Didier qui fait réviser à Pernaut son jugement sur la désertification des campagnes : « *On parle très souvent dans ce journal, depuis des années et des années, de la disparition des petites boutiques à la campagne mais depuis quelques années, le phénomène semble commencer à s'inverser.* » Qu'a fait Didier de si remarquable à part venir s'installer dans le trou du cul du monde ? Le journaliste nous délivre la réponse : « *Didier a rallumé le four communal pour faire du pain à l'ancienne comme avant, au feu de bois.* » Et Didier de conclure : « *Il respire ce four, par moments. On est contents de faire du vrai pain.* » Le pain est vrai, le four est vrai, le boulanger est vrai : c'est sûr, on n'est pas à la ville.

Le détenteur de la tradition, c'est aussi cet homme de Castelnaudary (Aude) qui, le 26 août 2005, n'hésite pas à nous livrer sa recette du cassoulet (remarquez, à Castelnaudary, il nous aurait épatés à cuisiner une ficelle picarde). « *Il en a mangé pour la première fois à 5 ans et depuis il le cuisine comme sa grand-mère...* » Le mot est lâché : «*grand-mère*», celle qui transmet, celle qui détient le secret de la bonne soupe, celle qui connaît les «*vraies*» recettes. Une grand-mère que l'on peut transformer à l'envi en grand-père pour peu qu'il fasse découvrir à son petit-fils les joies de la première récolte des vendanges à Léognan, en Gironde (25/08/2005). Ou qu'il raconte à sa descendance les histoires de quand grand-papa était contrebandier (série de la rentrée 2005). Ou mieux, s'il est ancien mineur, qu'il monte un spectacle pour faire revivre l'épopée du charbon en Lorraine (25/08/2005). Parmi les acteurs, on trouvera un petit-fils de mineur. Une femme : «*On veut un spectacle sur les enfants du charbon, pas les mannequins de Paris, c'est les enfants du charbon !*»

Bref, le Français idéal de Pernaut, c'est un vieux qui vit en région comme cette Jeanette, 91 ans et «*une vie de dur labeur*». Dans son restaurant *La Guérite*, «*son petit coin de paradis*» près de Cannes (Alpes-Maritimes), elle fait les additions à la main. «*À* La Guérite, commente le journaliste, *le temps semble avoir suspendu son vol, Jeanette y puise sa force, son bonheur et celui de ses clients.*»

« Le retour à la langue maternelle »

Et quelle langue croyez-vous qu'ils parlent, les Français de Pernaut, cette Jeanette de Cannes, ce Didier d'Ascros et ce Gérard de la Nièvre ? Patois, vous hasardez-vous, ironique, à répondre. Malheureux, mais c'est un coup à déclencher une jacquerie ! Chez les Français de Pernaut, on ne parle pas patois, ça non, on pratique « les langues régionales ». C'est une des antiennes du présentateur : les langues régionales qui, répète-t-il à chaque nouveau sujet, «*continuent à se développer*».

Jamais vous ne prendrez Pernaut en défaut sur l'épreuve des langues régionales au bac : à chaque fois, depuis leur inscription lors de l'épreuve de 2001, il est sur le coup. Le 16 juin 2001, le provençal est à l'honneur, une «*langue vivante*», clame le journaliste. L'année suivante, le 22 mai 2002, on remet ça, toujours avec le provençal, l'année suivante itou et ainsi de suite. Mais est-ce bien suffisant de ne parler des langues régionales qu'une fois l'an ? Non, bien sûr, et Pernaut ne passe pas un mois sans aborder le sujet. Ici l'occitan, là le breton, là le corse, là le basque, sans oublier, bien sûr, le picard cher au cœur du présentateur.

Environ tous les deux ans, le « 13 heures » nous sert une série d'une semaine sur l'enseignement des langues régionales. Ainsi le 17 février 2005, soulignant comme à chaque fois que «*les langues régionales continuent à se développer*», Pernaut envoie un énième sujet sur le picard pour, dit-il, les «*gens qui veulent retrouver leur langue originelle*». Car voilà, du temps de Cro-Magnon, en coursant le dinosaure, le Picard s'exclamait déjà en picard dans le texte : «*À marcher comme cha, j'vas attraper des soufflettes tout plein à mes pids*»... L'explication de cet

amour de Pernaut pour les langues régionales est toute simple. Point de revendication autonomiste, mais ainsi que l'exprime ce prof de picard : «*On a envie d'y retourner parce que finalement, on n'a pas envie d'oublier ce patrimoine qui fiche le camp tout doucement si on n'y prend pas garde.*»

De la même façon que son patron Patrick Le Lay fait du lobbying politique en dénonçant le «*génocide culturel*» dont seraient victimes les Bretons dans un entretien à l'idoine *Bretons Magazine*, à l'été 2005, Pernaut suit à la trace toute actualité des écoles Diwan. Car, pour le présentateur, ainsi que le dit une enseignante d'une de ces écoles, «*apprendre en breton, c'est vivre notre culture*». De même qu'il refuse de voir mourir les petits métiers, Pernaut veut croire que ces langues régionales, souvent oubliées, sont bien vivantes. Que l'héritage de nos grands-mères se transmet bien. En septembre 2005, à l'occasion d'une nouvelle série sur les langues régionales, chaque sujet est ponctué d'une phrase sur la transmission. Le lundi, c'est l'institutrice Diwan qui dit que «*apprendre la langue des anciens, c'est quand même important*». Le mercredi, c'est Pernaut qui lance le sujet sur le basque en parlant d'enfants qui apprennent «*la langue de leurs ancêtres*». Et ce dans un monde où plus personne ne se comprend, semble-t-il dire. Voilà un beau ciment, nous susurre-t-il quand, avant un sujet sur le picard enseigné dans un collège, il espère : «*Pour une fois, ils* [les élèves, nda] *parleront la même langue que leurs aînés.*»

3. Les cinq commandements du « 13 heures »

Facile, semble-t-il, pour le journaliste de faire passer un sujet au « 13 heures » de Pernaut, suffit de dégotter un nid de pigeonneaux à Saint-Ouen-l'Aumône ou d'interviewer un skieur descendant, ravi, une piste aménagée sur un ancien terril de Nœux-les-Mines. Eh bien non, c'est du boulot, journaliste chez Pernaut : on n'interviewe pas n'importe qui, on n'écrit pas ses sujets n'importe comment, on n'oublie pas les chiffres et, surtout, surtout, on ne néglige pas quelques vers, fussent-ils de mirliton. Une intense pratique du « 13 heures » de TF1 permet de dresser une vraie-fausse charte très précise des intangibles commandements à suivre pour figurer chez Pernaut. Fausse, parce que dans la réalité rien n'est écrit ; vraie, parce que les journalistes qui travaillent pour le « 13 heures » de TF1 la pratiquent tous les jours.

« Jamais d'expert tu n'intervieweras »

Vade retro, sociologues, sémiologues, politologues, économistes, généraux en retraite férus de stratégie « mirlitaire », Dominique Wolton, Pascal Boniface, ministres, maires, syndicalistes, patrons, journalistes spécialisés et autres experts auxquels les autres JT font constamment appel… Dans le « 13 heures » de Pernaut, les experts institutionnels sont bannis du plateau (qui n'accueille d'invités qu'à de très rares exceptions : Jean-Pierre Raffarin deux fois, Ségolène Royal une fois) aussi bien que des sujets. Le dogme selon Jean-Pierre : « *Quand le gouvernement prend une mesure sur l'emploi, je préfère entendre des gens m'expliquant, dans leur vie, ce que ça va changer, plutôt que les ministres me disant ce que ça va changer dans la vie des gens*[1]. » L'expert est donc l'usager, celui qu'on trouve dans la « vraie » vie, et donc le plus souvent en régions. Le 23 août 2005, une coulée de boue menace un village de Haute-Savoie. Le journaliste a choisi son témoin. Une habitante, qui est formelle : « *J'ai rien vu, j'ai rien entendu mais on nous a dit : faut pas rester dans les maisons.* »

1. Michel Le Guénic, *op. cit.*

Le 24 novembre 2003, un sujet raconte la mouise du lycée François Mansart, à Thizy (Rhône), qui serait sur la paille : « *Plus de papier WC, plus de craie, plus d'encre.* » Seules explications avancées par le commentaire : « *Une erreur de gestion ou une malversation.* » Qu'en dit le principal ? L'inspecteur d'académie ? Pas interviewés. Le même jour, dans le département de l'Hérault une fois de plus inondé, la parole est donnée à un expert. Un routier qui livre son analyse : « *Faudrait peut-être savoir pourquoi. Y a peut-être des gens qui font pas leur boulot mais bon moi je suis pas apte à juger ces gens-là.* » « *Ces gens-là* » n'auront pas la parole.

Il faut dire que les experts, Pernaut s'en méfie. Le 25 novembre 2003 tombent les chiffres de la consommation des ménages, en hausse. « *Les chiffres étonnent* », affirme Pernaut qui, à l'appui de sa méfiance, avance ses propres experts : les commerçants et les gens de la rue. Une commerçante témoigne : « *Ça va très mal, les gens ne veulent pas payer.* » Sur le trottoir, une femme confirme : « *Les gens sont extrêmement paniqués par ce qui se passe.* » Ce qu'il se passe ? On ne le saura jamais. L'important, c'est d'être inquiet.

La ménagère est d'ailleurs l'experte la plus systématiquement convoquée chez Pernaut. On ne les compte plus au « 13 heures » de TF1, ces expertes du coût de la vie qui, depuis de bucoliques marchés, vous prouvent noir sur blanc que tout est plus cher qu'avant. Le 6 septembre 2005, le secrétaire d'État aux PME, Renaud Dutreil, annonce que les prix à la consommation ont baissé. Mais Pernaut se méfie. Il précise que c'est «*selon le ministre*» et, preuve qu'il doute, rajoute un conditionnel : «*Les prix auraient baissé.*» Pourquoi une telle défiance? Parce que, dans le sujet qui suit, les clientes du supermarché interrogées – un supermarché en régions, évidemment – n'ont rien vu de tel. Et le journaliste, en voix off, d'assener : «*Dans les rayons, ceux qui remplissent leurs Caddies* [entendre : les vrais gens, pas des Renaud Dutreil qui ne font jamais leurs courses, nda] *n'y croient pas un instant.*» À la caisse, une femme ne s'en laisse pas conter. Baisse des prix? «*Ah ben ça, certainement pas!*»

Le 27 janvier 2004, reportage sur les précautions d'hygiène dans une maison de retraite. Le journaliste interroge une aide médico-sociale – une Madame Guenon (*sic*) –, puis une autre – une Madame Rat (*re-sic*) – mais jamais de médecin. Exemple plus frappant encore de la mise à l'écart systématique de l'expert chez Pernaut, le 26 janvier 2004. Même sujet dans le «13 heures» et dans le «20 heures» de PPDA : la Cour des comptes proteste contre la lenteur de la réponse des différentes administrations au téléphone. Au «20 heures», on interviewe un chargé de mission auprès du Premier ministre ainsi que Jean-Claude Delarue, très médiatique président de l'Association des usagers de l'administration. Au «13 heures», point de chargé de mission ni même de Delarue mais des gens de la rue, qui témoignent de la lenteur de l'administration au téléphone. Et, pour bien appuyer la démonstration, la preuve par l'image : un appel téléphonique à une Caisse d'allocations familiales filmé *in extenso*, le répondeur vocal qui fait poireauter, les violons de la musique d'attente et la main de l'usager exaspéré qui fait des petits dessins sur le bloc-notes à côté du téléphone.

Mieux. Le 7 novembre 2005, après onze jours de banlieue brûlante, Pernaut, qui n'a pas encore traité lui-même le sujet car il revient de vacances, veut comprendre. Il le dit : «*Depuis onze jours, on a tout dit à la radio, dans la presse, à la télévision sur ces événements… Culture, éducation, chômage, pauvreté, violences gratuites, chacun essaie de comprendre, il y aura d'ailleurs demain un débat à l'Assemblée nationale sur ce thème. Face à tous ces événements, il y a évidemment, on vient d'en voir, des habitants directement concernés dans les quartiers où il y a eu des violences ou des victimes.*» Où veut-il en venir ? Quel expert va-t-il nous dégainer ? Quel penseur habile, quel sociologue foudroyant ? Rien de tout cela : «*Et puis,* continue Pernaut, *il y a tous les autres, qui regardent, qui écoutent, qui eux aussi essaient de comprendre. Dans un petit village du Puy-de-Dôme, que pense-t-on de tout cela en ce moment ?*» C'est la majorité silencieuse que fait parler Pernaut, celle des régions, naturellement très qualifiée pour parler du malaise des banlieues. Une mère dit que «*c'est inadmissible*». Une vieille, valant toutes les analyses de tous les sociologues du monde, explique : «*Je crois que c'est une*

Tant qu'ils brûlent des voitures, ils brûlent pas nos moutons!
TF1
Bêêê
Lohmède

catastrophe si ça continue : il faut arrêter. » Et la majorité silencieuse a un peu la pétoche aussi, qu'on vienne lui brûler ses voitures. Un pilier de bistrot l'affirme : « *On a peur que ça vienne.* » Les experts assermentés par Pernaut tombent tous d'accord sur un point, conclut le reportage : « *La plupart réclament davantage de fermeté.* »

C'est ce qui est pratique avec les experts de Pernaut : on leur fait dire ce qu'on veut. S'agirait pas qu'une petite vieille se mette à défendre les jeunes de banlieue.

« Les statistiques à foison tu citeras »

Les chiffres, ça c'est parlant, coco. Au « 13 heures » de TF1, c'est l'avalanche et peu importe que le sujet ne s'y prête pas : le chiffre, la statistique, le pourcentage, l'altitude, le débit, le nombre sont de rigueur. À Port-Saint-Père où les vieux n'ont plus assez d'argent pour leur « *petit plaisir de cigarettes entre copains* » (22/10/2003), le journaliste, consciencieux, a calculé que « *les anciens constituent entre 17 et 20 % de la clientèle* » du tabac du village… Rien de tel qu'une inondation (à Millau, dans l'Aveyron, le 24/11/2003) pour nous abreuver de chiffres. En vingt secondes, on a appris que le débit du Tarn, d'ordinaire de quatre-vingt-dix mètres par seconde, était monté à mille six cents mètres par seconde ce matin, que l'inondation atteint sept mètres et que c'est l'une des cinq plus grandes crues. Et le 26 janvier suivant, dans les Pyrénées, il est tombé «*en une semaine plus d'eau qu'en un an*». Et la grippe qui, le même jour, a dévasté un collège de Loire-Atlantique : le jeudi, quatre-vingt-onze élèves étaient malades, cent soixante-treize le lendemain sur un effectif de six cent quarante. Le 27 janvier, ce sont, sans qu'on sache si c'est trop ou pas assez, «*soixante-dix gendarmes et pompiers*» qui sont mobilisés pour retrouver des collégiens coincés dans une montagne d'Alsace. Sans oublier la statistique préférée de Pernaut, qu'il serine régulièrement depuis l'augmentation du tabac fin 2003 : «*Quatre à cinq mille commerces frontaliers vont disparaître si les hausses sont maintenues.*»

«Le rébus tu pratiqueras»

Autre caractéristique du «13 heures» de Jean-Pierre Pernaut : le rébus. Une pratique plutôt courante à la télé mais dont le «13 heures» de TF1 use et abuse. Comme si les images et le commentaire ne suffisaient pas à comprendre le reportage, des genres de rébus sursignifiants sont semés ici et là. Le 29 août 2005, en pleine sécheresse, on plaint ces jardiniers de La Roche-sur-Yon (Vendée) qui n'ont pas assez d'eau pour arroser leurs plants. À la fin du reportage, la voix off espère «*une petite pluie, ce sera peut-être suffisant pour éviter la fin des haricots*». Au moment de prononcer «*fin des haricots*», l'image s'est arrêtée sur un magnifique plan de haricots. Malin, pas vrai ? Le 23 août 2005, c'est plus subtil. Le « 13 heures » dénonce *« des particuliers et des sociétés ayant pignon sur rue »* qui se servent du Var – la rivière – comme d'un dépotoir. Le journaliste grince devant tant de sans-gêne : *« La signature de l'incivisme s'étale comme une provocation. »* Et à l'image, ladite signature : baignant dans les eaux du Var, un bout de panneau mis au rebut sur lequel on distingue la marque Vinci. Les mauvais esprits remarqueront que Vinci est, sur le terrain du BTP, le grand rival de Bouygues, propriétaire de TF1…

La pratique est quotidienne, pour tous les sujets. Le 27 janvier 2004, dans le quartier de l'Alma à Roubaix (Nord), on cause délinquance, un plan montre les immeubles et s'arrête – attention, effet de sens – sur l'enseigne d'un kebab… Plus léger mais signification obscure deux jours plus tard, à l'occasion d'un reportage sur la neige à Besançon (Doubs). Le commentaire raconte : *« Pour les automobilistes, la chaussée était blanche. »* À l'instant précis où le mot *« blanche »* est prononcé, la caméra se fixe sur un Abribus et une pub pour Éminence montrant le mannequin noir Naomi Campbell en sous-vêtements blancs. Le 30 janvier 2004, le « 13 heures » sonde les réactions des habitants de Landivy (Mayenne) à la mise en examen pour viol de ses patients d'un de leurs concitoyens, le Dr Fouchard. Pas facile, les passants passent et s'enfuient à la vue de la caméra. Qui, pour résumer l'ambiance à

Landivy, zoome sur la plaque d'une rue : « Rue de l'Enfer »... 30 janvier encore, alors que le commentaire évoque un *« argument poids lourd »*, à l'image passe un poids lourd... C'est dire le poids de l'argument. Le 25 novembre 2003, c'est un festival. Un marché de Besançon et cette question posée aux chalands : soutenez-vous l'élargissement de l'Europe ? Conclusion du reportage : *« À l'heure de l'Europe, les Français ont du mal à se regarder dans la glace, subventions européennes, chômage, immigration... Beaucoup de questions. Il faudra du temps pour déchiffrer la partition européenne. »* Et pour illustrer ces propos, la caméra a fait un grand numéro : un plan sur une pendule pendant *« à l'heure de l'Europe »*, un plan sur un miroir pendant *« se regarder dans la glace »* et un dernier plan sur un orchestre pendant *« la partition européenne »*. Ça ne sert à rien, mais c'est rigolo.

« À la poésie tu t'essaieras »

Pratique inédite dans un journal télévisé : la poésie des commentaires. Certes, la poésie chez Pernaut tient plus du calendrier de la Poste que de Baudelaire. Mais elle est bien là : dans l'utilisation fréquente des si cocasses gentilés des habitants d'une ville (« les Millavois », ça a quand même une autre gueule que « les habitants de Millau »), dans le recours systématique aux « printemps » d'un vieux qui n'a jamais 83 ans mais 83 printemps... C'est essentiellement dans la dernière partie du JT – Dernier savetier de Trifouillis-les-Oies – que l'art de la poésie s'exerce. Et l'art de la récitation aussi, que maîtrisent la plupart des journalistes du « 13 heures » à la scansion impeccable. Le meilleur à cet exercice, c'est Michel Izard et sa voix de sèche rocaille où, comme dans un pétulant torrent, roulent des galets immémoriaux aux souvenirs oubliés (nous aussi, on est bons en poésie).

Le 7 novembre 2005, il entame une virée cévenole. Première étape, Saint-Martin-de-Boubaux (Lozère) : « *Lueur d'automne… Un feu que la nature allume dans les feuilles et qu'elle couve doucement jusqu'aux premiers frimas.* » À l'image, la caméra filme des vallées embrumées, des châtaignes écloses et on entend le feu qui craque. À toi Michel : « *Et pendant que les jours rétrécissent jusqu'au fin fond des plus profonds valats cévenols, les couleurs qui virent et passent apportent une lumière supplémentaire.* » Au risque de perdre le téléspectateur, pas forcément au fait de ce qu'est un « valat » ? Eh bien, c'est, en patois cévenol dans le texte s'il vous plaît, un ruisseau encaissé. Mais Izard a de la concurrence. Écoutez, le 22 octobre 2003, Catherine Combe nous conter ce chantier de construction d'un château fort moyenâgeux : « *Tandis que, lentement, les maçons font sortir de terre le passé, à la forge toute proche la bruyante respiration du soufflet attise un feu qui ne s'éteint jamais.* » On croirait du Maurice Carême… Et le 22 décembre 2005, écoutez Stéphanie Lafuente déclamer, à propos d'un petit village d'Alsace enneigé : « *C'est à l'heure où la campagne revêt encore des reflets améthyste, à l'heure où la lune cède doucement sa place au soleil…* »

Le 26 août 2005, un envoyé spécial de Pernaut est allé guetter sur le marché de Caen (Calvados) les prémices de l'automne, si c'est pas une occasion de faire de la poésie, ça… Et c'est réussi : «*Le raisin s'étale sur les étals et titille les papilles.*» Le 23 août 2005, alors que s'entame une série sur le Lot, le journaliste a mis les petits vers dans les grands. Il va, déclame-t-il, nous raconter «*une histoire de fil, de fil de pêche, nous l'allons voir, mais surtout une histoire de fil de l'eau*». Le 7 septembre, la muse est un bateau, *le Riva*, un de ces esquifs sur lesquels s'affichaient les starlettes de la Riviera, mais écoutez plutôt le commentaire du «13 heures» de TF1 : «*Ces bateaux beaux comme des archives racontent leur légende dans le ronflement des moteurs.*» Et ce n'est rien à côté de la conclusion célébrant *le Riva* : «*Et sur la mer, il court comme un cheval lustré par les flots.*» Si l'on n'est pas poète, on peut alors se rabattre sur l'art du dicton, également très en vogue chez Pernaut : «*Un morceau de boudin blanc à Noël, un morceau de boudin noir plus tard*» (25/11/2003) ou «*À la Chandeleur, l'hiver s'en va ou prend vigueur*» (2/02/2004).

«Paris tu éviteras»

C'est une règle d'airain du JT de Jean-Pierre Pernaut et qui souffre peu d'exceptions : TSP, tout sauf Paris.

Pas question d'aller, pour illustrer l'actualité sur l'absentéisme à l'école, visiter le lycée tout proche du siège de TF1, à Boulogne, mais direction le collège Érasme, en Alsace. Les primes au mérite pour les fonctionnaires ? Ce sera à Lyon, devant le centre des impôts. L'augmentation du tabac ? Dans un minuscule village de Loire-Atlantique. Le problème de la sécurité dans les aéroports ? Ce sera celui, riquiqui, de Nice... Une priorité provinciale logique, on l'a compris, les régions, c'est l'angle de Pernaut. Mais souvent, la préfecture est elle aussi trop grande pour le JT de 13 heures. Plutôt Pornic que Nantes, plutôt Comps que Nîmes, plutôt Parigny que Saint-Étienne, plutôt Vauvenargues que Marseille, plutôt Douvres-la-Délivrande que Caen, plutôt Lesneven que Quimper...

À chaque entrée de reportage, une petite carte de France en haut à droite de l'image et un cercle rouge pour marquer le département concerné et, sur le reste de l'image, un zoom sur le département en blanc (les frontaliers sont couleur sable) ; en noir est inscrit le nom de la préfecture et en rouge, celui du village – souvent un bled au nom improbable – où se sont déplacés les journalistes du « 13 heures » : Saint-Martin-Vésubie, Ghisoni, Toufflers... Et chaque JT est l'occasion d'un tour de France minutieux, afin de n'oublier aucun des téléspectateurs. Une technique marketing empruntée à la presse quotidienne régionale, qui multiplie les photos de groupe où l'on voit, en brochette, le club de foot, les Aînés ruraux, les champions de bridge et de crapette. Bien sûr, c'est tartignole, mais chaque portraitisé est un abonné potentiel. Pour repérer le sujet qui se passe en régions, c'est simple : on entend systématiquement sonner une cloche. Celle d'un clocher pour les zones un poil habitées, celles des vaches pour la campagne. Ding-dong, on n'est pas à Paris.

4. Pernaut, ce héros

Prenez Béatrice Schönberg. Prenez Thomas Hughes, prenez Laurence Ferrari, Claire Chazal, David Pujadas et même, crime de lèse-majesté, prenez PPDA. Que dit-il ? Que disent-ils tous ? Rien. Ils disent bonjour monsieur et bonjour madame, ils lancent leurs sujets, une fois le sujet terminé, ils lancent le suivant, puis ils disent au revoir monsieur et au revoir madame. Si l'actualité est terrible, ils disent « *terrible* » mais ils restent toujours imperturbables, froids, rompus aux horreurs de l'information, des monstres d'objectivité, ils en ont vu d'autres. Ils sont tous ces « *icônes électroménagères* » décrites par Raoul Sangla, le réalisateur de JT des années 1970. Jean-Pierre Pernaut, seul présentateur du journal à se passer de prompteur, c'est tout l'inverse : lui, l'info, il la vit, il la goûte, il la recrache écœuré ou la savoure gourmand.

L'indispensable commentaire de Jean-Pierre Pernaut

Chacun des reportages du « 13 heures » est l'occasion pour Pernaut d'annoncer la couleur : « *Encore un beau projet qui part à l'étranger.* » Il s'agit, le 10 mai 2005, de l'aménagement en fondation d'art contemporain de l'île Seguin voulu par l'homme d'affaires François Pinault. Ou « *une histoire triste et invraisemblable* » (le 10 février 2004, une détenue obligée d'accoucher menottée), ou encore une « *autre histoire lamentable* » (des propriétaires de mobile homes expulsés le 22 octobre 2003) ou bien « *encore un drame épouvantable* » (un footballeur foudroyé par une crise cardiaque sur le terrain le 26 janvier 2004).

Comme ses confrères, Pernaut lance les sujets mais lui, d'emblée, nous dit ce qu'il faut en penser : triste, lamentable. Les autres présentateurs parleront d'un accouchement dans des conditions qui « *provoquent la polémique* ». Pernaut, lui, y va tout de go : c'est « *triste et invraisemblable* ». Dès la fin du sujet, il remet ça. Alors que les autres présentateurs du JT enchaînent illico, Pernaut prend quasi systématiquement le temps d'un nouveau commentaire. Fin août 2005, des immeubles insalubres brûlent à Paris. Sarkozy expulse et commente : « *La difficulté c'est que tout un tas de gens, qui n'ont pas de papiers pour certains, s'amassent à Paris.* » Dès la fin du reportage, Pernaut opine et valide

l'affirmation du ministre de l'Intérieur : «*Eh oui, il y en a d'autres…* » Le 24 août 2005, après l'annonce de l'augmentation du fioul, après celle du gasoil, nouvelle conclusion pernautienne : «*Eh oui, tout ça commence à faire beaucoup beaucoup d'argent.*» Après un sujet sur l'absentéisme à l'école, il enfonce le clou : «*Voilà, c'est contre ça que Nicolas Sarkozy veut lutter*» (10/02/2004). Concluant un sujet sur la grippe, Pernaut en remet une couche : «*La grippe qui n'a pas fini de faire parler d'elle cette année*» (24/11/2003). Ou replace dans le contexte après un reportage sur les ventes exponentielles de tabac en Espagne (24/11/2003) : «*D'où la manifestation des buralistes à Paris.*» Avec ses commentaires d'avant et d'après sujet, Pernaut se met dans la peau du téléspectateur, se fait le miroir des indignations et des réflexions qu'on entend de l'autre côté de l'écran, sur le canapé ou au zinc. Le 1er septembre, comme nous, Pernaut s'emporte : «*La prise d'otages en Russie, l'attentat suicide du Hamas en Israël, l'incertitude sur le sort des deux journalistes français, un monde chamboulé. Et pendant ce temps-là, le comédien Arnold Schwarzenegger vient soutenir la candidature de George Bush à la convention républicaine de New York. Il a été investi, George Bush, sans surprise. Un monde à feu et à sang et une convention dont certains aspects paraissent complètement grotesques.*» Carrément : «*grotesques*» ! Après le sujet – les à-côtés de la convention républicaine, le ketchup W pour contrer celui de la femme de John Kerry, héritière de Heinz –, Pernaut lit dans nos pensées, soupirant : « *Voilà à quoi s'intéresse l'Amérique en ce moment…* »

Parfois, c'est moins grave. Le 8 septembre 2005, alors qu'on vient de voir que les nouveaux passeports biométriques britanniques ne souffrent désormais plus les sourires, Pernaut, nostalgique, conclut : «*Eh oui, "smile" pour les photographes, c'est fini.*» Après un reportage sur le charbon, Pernaut y va de sa maxime : «*Et il y a rien de meilleur pour faire la cuisine !* » (22/10/2003). Il est avec nous, assis à la table de la salle à manger ou sur le canapé du salon. Vient de voir un sujet sur le charbon et parle à la télé, comme on le fait tous. Le 27 mars 2002, pendant une ode à l'œuf de Pâques (*no comment*), une femme appelle de ses vœux la création d'un musée consacré audit œuf de Pâques (*no comment, bis*). En voilà une idée qu'elle est bonne, s'enthousiasme Jean-Pierre, qui clame dès la fin du sujet : «*Et ce serait bien !* » Quand un reportage se clôt par une bouteille qu'on débouche et un verre qui se remplit de vin, Pernaut rit et dit «*mmm, quel beau bruit…* » (23/08/2004). Ou après l'annonce d'un match de foot : «*En tout cas, ça promet du beau spectacle*» (10 /02/ 2004).

Mais parfois aussi, en fin de reportage, Pernaut ne dit rien. Pour autant, il n'enchaîne pas avec le sujet suivant. Quand Pernaut ne dit rien, son corps parle : il baisse les yeux, serre les dents, ses maxillaires se contractent, il jette un regard noir, soupire, fait claquer sa langue. Et laisse à l'antenne un silence d'une, deux secondes, autant dire une éternité à la télé. On sent qu'il voudrait en dire plus, qu'il pourrait exploser, entrer dans une colère noire, mais il se contient. Le téléspectateur, lui, a saisi le message : on se comprend, moi aussi ça me rend furieux. Moi aussi, ce «*bébé apparemment frappé par son beau-père*» (27/01/2004), ça me dégoûte. Et puis, Pernaut, il est comme nous, il fait ses courses. La preuve, il parle du prix des tomates qui, «*vous l'avez constaté sur les marchés, ne cesse d'augmenter*», des mini-doses qui pullulent, «*nous l'avons tous constaté en faisant les courses*». Oui, on l'a constaté et on est ravi que Pernaut aussi, du coup on se sent moins seul. Pernaut, il est comme nous, les «petits», il connaît le téléspectateur et ses colères, comprend ses indignations : il a les mêmes, qu'il fait passer au travers de l'écran, là où elles glissent sur un PPDA ou un Pujadas, bien trop dans les hautes sphères pour apprécier l'augmentation des tomates à leur juste valeur.

Il est 13 h 20, Pernaut a faim

C'est à l'heure où Pernaut nous emmène au marché ou dans des cuisines où mijotent «*des bons petits plats d'hiver*». Comme au téléspectateur, ça lui met les crocs à Pernaut. Le 27 janvier 2004, après la série sur «*les plats qui tiennent au corps*» et la polenta corse, Pernaut se lèche les babines : «*Et ça donne envie! Demain, l'aligot.*» La même semaine, après la potée comtoise, il s'adresse directement aux témoins du reportage que l'on vient de voir : « *Vous avez de la chance d'être là, ça donne très très faim!* » Une habitude chez Pernaut. Le 29 août 2005, à une femme qui, dans le sujet précédent, regrette de ne pouvoir faire sentir son basilic à la caméra, Jean-Pierre déclare : « *Oh, on le sentait ce parfum, madame!* » Parle-t-on gnocchis qu'il salive : « *Il y avait plein de gourmandises dans ce reportage!* » La cueillette des champignons à Villefranche-du-Périgord (Dordogne)? « *Ça donne envie, en tout cas!* » Le marché de Villefranche-de-Rouergue (Aveyron) : « *Et qu'est-ce qu'on a comme chance d'y habiter toute l'année...* » (23/08/2004). Le marché de Lectoure (Gers) le lendemain? Là, Pernaut vire quasi cannibale : « *Avec des commerçants fort sympathiques, on en croquerait.* »

Bizarrement donc, Pernaut s'adresse également aux personnes qui apparaissent dans ses reportages, voire aux journalistes qui les conçoivent. Le 6 septembre 2005, le « 13 heures » nous vante les mérites de l'enseignement de l'alsacien à l'école. Pernaut adresse *in fine* « *un petit clin d'œil à Robert Werner, qui a si souvent défendu sa langue dans cette édition de 13 heures* ». Le Robert Werner en question a travaillé longtemps au « 13 heures » de TF1 où il s'était fait le chantre des reportages régionalo-traditionalistes. Des clins d'œil et des bises aussi : après un reportage sur Rika Zaraï (si, si, c'était le 23 août 2004), Pernaut, sourire aux lèvres, conclut : «*Elle a une pêche extraordinaire, Rika, que nous embrassons.*» Ou alors rend hommage. À Hermine, 82 ans et toujours parfumeuse, Pernaut dit : «*Et ça méritait ce coup de chapeau*» (9/02/2004). *Idem* le lendemain pour Émile, qui ne veut pas partir à la retraite : «*Eh oui, il aime son métier.*» Six mois plus tard, après une Jeanette restauratrice de 91 ans, Pernaut y va de son petit compliment : «*Et on la salue… !*» Le 22 octobre 2003, après un sujet sur les jardins familiaux où l'on aperçoit un genre de fou jouant de la trompette, Pernaut a lui aussi relevé : «*Super la trompette !*» Aux journalistes, auteurs fin janvier 2004 d'un reportage à Barfleur (Manche), Pernaut sert un cordial : «*Salut les amis !*» Ou félicite en direct : «*Très belles images, très beaux reportages !*» Sympa, le patron.

La transition à la Pernaut

Pernaut, c'est un art oublié en journalisme : celui du marabout-bout de ficelle et si possible du coq à l'âne. La rupture est rarissime au «13 heures» de TF1, ses quarante-cinq minutes se dévident tranquillement, sans accroc, sans à-coup. Et ce grâce au prince de la transition : Jean-Pierre Pernaut. Le 26 août 2005, il nous enchaîne sans souci un sujet sur le cassoulet avec un autre sur la figue : «*Après le cassoulet, un petit dessert si vous le voulez bien.*» Tranquille, les doigts dans le nez. Plus dur : vous sauriez, vous, enquiller

François Pinault délocalisant en Italie son projet de fondation d'art contemporain et les chirurgiens français qui menacent d'émigrer en Grande-Bretagne ? Demandez à Jean-Pierre qui, le 10 mai 2005, nous lie l'un à l'autre d'un magnifique : «*À propos de gens qui s'en vont*»... Parfois c'est un peu tiré par les cheveux, mais on reste à peu près dans le même thème. «*Les carburants qui nous amènent aux voitures*» pour faire le joint, le 24 août 2005, entre l'augmentation du prix de l'essence et les ratés des radars automatiques. Souvent, c'est acrobatique : pour lier un stage estival de rattrapage pour élèves en difficulté qui coûte 592 euros à l'augmentation des carburants (encore, oui, encore), Pernaut risque un «*On reste dans l'argent*».

Parfois ça semble couler de source, ainsi on ira d'Espagne en Normandie en passant par la Lorraine (avec mes sabots) comme qui rigole : après des images d'effondrements en Espagne, «*à propos d'effondrements on a beaucoup parlé des effondrements miniers en Lorraine, eh bien la même menace existe en Normandie*». Avec une telle maîtrise de la transition, tout est possible. Enchaîner les incendies en Corse avec une éruption à la Réunion ? Fastoche : «*Autre feu, celui de la lave du Piton de la Fournaise*» (23/08/2004). Le même jour, comment enquiller le concert de Rika Zaraï avec une fête traditionnelle belge ? Simple : «*Tout ça donne envie de faire la fête. Il y en avait une justement en Belgique hier.*» Un sujet sur les SDF et la gastro-entérite ? «*Toujours lié à l'hiver et à la météo, la gastro-entérite* » (27/01/2004).

Limite poétique, cette transition entre des pêcheurs d'anchois inquiets et la fusée Ariane 5 : « *Après l'actualité de la mer, un mot de l'espace.* » Pernaut peut aussi enchaîner les grandes marées, des baleines échouées en Australie et l'America's Cup sans se démonter : après les grandes marées, « *toujours à propos de la mer, une image qui nous vient d'Australie, des baleines échouées* » puis, après les baleines, « *on reste dans l'actualité maritime car on saura aujourd'hui si la candidature marseillaise sera retenue pour l'America's Cup* » (25/11/2003). Le 30 septembre 2003, pour faire le lien entre un reportage sur le transport de l'Airbus par la route et un autre sur les étourneaux qui pourrissent la vie des Toulousains, Pernaut sort l'artillerie lourde : « *Après les avions, les oiseaux, c'est logique.* » Si tu le dis, Jean-Pierre… Enfin, le Pernaut a aussi l'art de boucler totalement son journal, comme ce 6 septembre 2005, qu'il termine par une série sur les caves traditionnelles. « *Demain,* annonce-t-il à la fin du sujet, *les caves de l'Aude où nous attendons, je vous le rappelle, de très très forts orages.* » Orages qui ouvraient ce jour-là le JT de TF1. Trop fort, ce Jean-Pierre.

Deuxième partie :

Et TF1 inventa Jean-Pierre Pernaut

1. L'anti-Mourousi

Jean-Pierre Pernaut est né le 22 février 1988. C'est ce jour-là qu'il prend officiellement les commandes du « 13 heures » de TF1. Il ne les lâchera plus. Bien sûr, il y a les remplaçants : Thomas Hugues parfois, Jacques Legros le plus souvent, mais ils ne font que se glisser dans les charentaises de Pernaut, dans son moule, en passant les sujets que le maître des lieux a déjà commandés.

Et avant ? Avant, Pernaut n'est personne. Un vague présentateur de JT à des horaires périphériques – il présente le journal de 23 heures de TF1 de 1975 à 1978 – ou un remplaçant – celui d'Yves Mourousi au « 13 heures », déjà, de 1978 à 1980. Il est ensuite reporter puis chef de la rubrique « Industrie » au service économie de TF1. En 1981, il est détaché au service politique pour suivre la campagne de Giscard. Ce qui lui vaut – le mot est de lui[1] – d'être

1. Michel Le Guénic, *op. cit.*

«*placardé*». Résultat : il anime un mystérieux «Journal des vacances» durant les étés 1982 et 1983 puis devient chef de service des «Rendez-vous d'Annick», une émission quotidienne d'infos pratiques diffusée entre 1983 et 1984.

Cette année-là, Michel Cardoze rencontre l'animal. Cardoze, avec son «*passé coco*», ne s'en cache pas : c'est sa couleur politique qui le mène à TF1. Son boulot? «*Injecter massivement de la gauche dans la rédaction.*» Embauché par Hervé Bourges, alors patron de TF1, le voilà chef du service «société-culture», et chargé de se débrouiller avec ceux dont Alain Denvers, directeur de l'information, «*ne savait pas quoi faire*». Un certain Jean-Claude Narcy, un certain Jean-Pierre Pernaut. «*Pernaut est venu se présenter à moi,* raconte Cardoze, *pour me dire qu'il ne voulait pas travailler pour le service. Il m'a dit : "Moi, mon truc, c'est la présentation." Déjà, en 1984, il disait que lui était bon pour ça.*»

Jusqu'en 1987 et son retour à un JT – celui de 23 heures, qu'il présente en alternance avec Joseph Poli –, Pernaut erre de «Bonjour la France», le premier JT du matin, en 1984, à «Transcontinental», un magazine consacré au voyage. Enfin, à l'été 1987, il est remplaçant des journaux de 13 heures et de 20 heures.

Comment Pernaut se retrouve-t-il au «13 heures» ? « *Il est remonté à la surface comme le bouchon du pêcheur*», s'amuse Cardoze. Si l'on écoute le principal intéressé, ce serait Patrick Le Lay en personne, aujourd'hui PDG et à l'époque directeur général de TF1, qui l'aurait repéré : «*En 1987, on m'avait remis à la présentation du "23 heures"*, raconte-t-il [1]. *Et Patrick Le Lay regardait le "23 heures". Et quand il y a eu un souci d'audience au "13 heures", il a imaginé que Pernaut, faisant un journal essentiellement économique à 23 heures, pouvait faire un journal de proximité à 13 heures.* »

En fait, l'arrivée de Pernaut au «13 heures» est intimement liée à celle de Bouygues à TF1 en avril 1987. À l'époque, la privatisation de TF1 crée un véritable maelström dans ce qu'on n'appelle pas encore le PAF, le paysage audiovisuel français. Jusqu'en 1984 et la naissance de Canal+, la France ne compte que trois chaînes, toutes publiques : TF1, Antenne 2 (qui deviendra France 2) et FR3 (qui deviendra France 3), toutes trois issues de l'éclatement de l'ORTF en 1974. Sous l'égide de la gauche – François Mitterrand président, Laurent Fabius Premier ministre –, fin 1985, La Cinq voit le jour, et début 1986, TV6 qui deviendra M6 un an plus tard. À chaque fois, Mitterrand sert ses amis : André Rousselet pour Canal+, Jérôme Seydoux pour La Cinq et Maurice Lévy, de Publicis (associé à Gaumont et NRJ), pour TV6.

Avec la privatisation de TF1, la droite, revenue au pouvoir lors des législatives de 1986, et son Premier ministre Jacques Chirac tiennent leur revanche audiovisuelle. C'est

1. *Ibid.*

la privatisation de TF1 qui va faire véritablement entrer la télé française dans son ère industrielle. Aux manettes, Bouygues, groupe de BTP, avec à sa tête le patriarche Francis qui n'y connaît rien à la télé. Pas grave, il va s'entourer d'une équipe de professionnels des médias qu'il va regrouper autour de Patrick Le Lay, ingénieur maison promu directeur général de TF1. Il y a au premier chef Étienne Mougeotte, venu de chez le concurrent malheureux à la privatisation, Hachette, qui est nommé directeur de l'antenne. Il est conseillé par Christian Dutoit, aujourd'hui au Conseil supérieur de l'Audiovisuel (CSA), et Catherine Grandcoin pour le marketing. Pierre Wiehn, lui, est chargé de préparer la grille de programmes de la rentrée 1987. Ancien bras droit de Pierre Desgraupes à la grande époque d'Antenne 2, au début des années 1980, Wiehn a dirigé France Inter entre 1975 et 1981 et sera membre du CSA de 1997 à 2003.

Du côté de l'information, Jean-Claude Pâris dirige la rédaction, tandis que Michèle Cotta est nommée directrice de l'information. Elle est chargée de faire le tampon entre la direction et une rédaction méfiante qui a farouchement lutté contre la privatisation. En 1992, pour avoir apporté sa contribution à la Société des rédacteurs en vue de créer une nouvelle charte de déontologie suite à l'affaire PPDA/Botton, elle est brutalement vidée du jour au lendemain, se retrouvant au pied de la tour TF1 avec un sac-poubelle contenant ses affaires personnelles.

Quand l'équipe Bouygues arrive à TF1 en avril 1987, la Une n'a connu qu'un « 13 heures » depuis l'éclatement de l'ORTF, celui d'Yves Mourousi. Mourousi ? « *Le seul journaliste capable d'inviter le pape à déjeuner* », résume Michèle Cotta pour définir le présentateur à l'imposant carnet d'adresses. Son « 13 heures » ? « *Sa patte, c'était les grands directs, une partie magazine ouverte sur la culture au sens large : c'est-à-dire la culture mais aussi la médecine, la littérature... L'idée c'était d'être là où les choses se passent avec de grandes interviews : Kadhafi, Brejnev, Béjart...* raconte Marie-Laure Augry, coprésentatrice du "13 heures" avec Mourousi de 1982 à 1988 et aujourd'hui médiatrice des rédactions de France 3. *On a sorti le journal à l'extérieur du studio, ça représentait un vrai exploit technique à l'époque...* »

Un ton canaille, un peu roublard (en 1985, il interviewe François Mitterrand, la fesse posée négligemment sur son bureau), Mourousi est un homme de réseaux qui connaît le Tout-Paris politique et artistique. « *Yves avait une forte personnalité, et le "13 heures" avait un ton très particulier, très indépendant, avec une équipe très soudée. Dès que les "Bouyguesmen" sont arrivés, on a senti qu'ils ne voulaient plus de nous* », se souvient Marie-Laure Augry. « *C'était le premier objectif de Bouygues,* confirme Michel Cardoze : *faire gicler Mourousi.* »

Et de fait, sitôt en place, la nouvelle équipe formée autour d'Étienne Mougeotte commence à réfléchir à un nouveau « 13 heures ». Pour Pierre Wiehn, qui a «*participé à sa théorisation*», ce nouveau journal doit être l'antithèse de celui d'Yves Mourousi : «*Le "13 heures" de la Une était dans une dérive chic. De plus en plus chic. C'était l'arrivée des pré-bobos, des gens chics qui avaient gardé de 1968 le non-respect : on n'enlève pas son chapeau devant le curé. Ce JT-là avait les jumelles à l'envers. Avec Mourousi, on ne savait plus où l'on était, on se baladait dans les froufrous. Prenez Mitterrand chez Mourousi. Ce n'était pas un président cool qui parle jeune. Les Français ont eu au contraire l'image d'un saltimbanque, Mourousi, qui s'assoit sur le bureau du président et qui le domine.*» Et ça, le Français n'en veut plus, conclut la toute nouvelle équipe de TF1 privatisée.

Comment le sait-elle ? «*Mourousi était en chute d'audience*», répond le chœur des anciens. Avec la privatisation, l'audience (mesurée par Médiamétrie depuis 1985, quotidiennement depuis 1989) devient le mètre étalon à TF1, puisqu'elle seule mesure la bonne santé de la Une afin d'attirer les annonceurs, désormais unique source de revenus de la chaîne, devenue commerciale. Comme un symbole, longtemps, à TF1, les audiences seront affichées dans les ascenseurs chaque matin, à la façon d'une feuille de température.

Mais en 1987, les audiences ne sont pas aussi détaillées qu'aujourd'hui où l'on connaît l'âge de chaque téléspectateur, sa situation de famille et pourquoi il a zappé de la Une

TF1
BOUYGUES

à la Six à 19 h 53. Pour ausculter la fuite du public de Mourousi, la nouvelle équipe de TF1 va faire appel aux méthodes marketing : «*Nous avons travaillé avec des sociétés d'études comme la Sema* [Société d'Études et de Mathématiques appliquées, nda], raconte Wiehn, *et la Cofremca, ou Jean-Claude Lioret de Publicis.*» Ils passent également Mourousi à la moulinette marketing de l'étude Démoscopie. «*C'était la première fois qu'on utilisait cette technique*», se souvient Michèle Cotta, alors directrice de l'information de TF1. «*On prend un échantillon représentatif de cinquante personnes,* explique Wiehn. *On fait défiler des images, ils appuient quand ça ne leur plaît pas et la courbe monte. Ils n'appuient pas quand ça leur plaît et la courbe reste plane. À chaque fois que Mourousi apparaissait, la courbe montait, montait et mettait beaucoup de temps à redescendre.*» On l'a compris, le coupable, c'est Mourousi. Mais l'audience et le public tout-puissant ne font que valider et légitimer la volonté de la nouvelle équipe installée par Bouygues : déboulonner Mourousi à tout prix.

«*Ce n'est pas à cause de l'audience que l'équipe Bouygues a arrêté le "13 heures"*, martèle Marie-Laure Augry. *Même s'il y a eu un petit effritement au cours des six derniers mois, avec en face de nous, sur la Deux, William Leymergie et Patricia Charnelet, jusqu'à la fin nous étions en tête.*» Alors pourquoi vouloir se séparer de Mourousi, star emblématique de la Une? Pour Marie-Laure Augry, c'est un règlement de comptes avec cette espèce étrange qu'on appelle journalistes.

« *La majorité de la rédac', dont Yves et moi, étions contre la privatisation. Les nouveaux dirigeants étaient très méfiants envers ceux qui avaient ou avaient eu une responsabilité dans la rédac'. Ils découvraient ce monde-là, ils n'avaient jamais rencontré un journaliste. Ils ne comprenaient pas notre mode de fonctionnement, pour eux nous étions de vilains petits canards. Et puis il y avait des syndicats, et ça non plus, ils ne comprenaient pas. Eux, ils vivaient dans l'adulation du patron. Ils ne connaissaient pas du tout ça, ça les dépassait.* » Ça les dépasse tellement que, selon Marie-Laure Augry, à son arrivée le groupe Bouygues veut réduire l'info à sa portion congrue : « *Ils voulaient faire le moins d'info possible, et puis ils se sont aperçus qu'une chaîne sans info n'a plus d'âme.* »

Vue par les journalistes, l'irruption de l'équipe Bouygues n'a rien à envier à un débarquement d'extraterrestres : « *Leur arrivée a été très déstabilisante, ils avaient un comportement et un ton auquel on n'était pas habitués, ce n'était pas notre langue,* poursuit Marie-Laure Augry. *Ils avaient les méthodes du BTP. Avec eux, c'était : "C'est comme ça, ça ne se discute pas, si vous n'êtes pas contents, c'est pareil !" Chez Bouygues, ils ont pris la télé comme un outil de pouvoir qui avait un intérêt à partir du moment où elle pouvait servir ceux du groupe Bouygues.* » Quel rôle a le « 13 heures » dans cette prise de pouvoir ? « *Le "13 heures", c'était un espace de liberté,* répond Marie-Laure Augry. *Au début, ils ont essayé de faire le forcing sur des invités, on a refusé.* »

Un espace de liberté en place depuis treize ans, une équipe soudée, indépendante, Marie-Laure Augry est formelle : « *L'équipe Bouygues a voulu casser le "13 heures" d'Yves parce que c'était un symbole, une citadelle intouchable. Ils voulaient montrer que les intouchables, eux, ils pouvaient y toucher. D'abord, ils se sont attaqués à "Droit de réponse"* [1], *et ensuite à Yves Mourousi. C'était un moment très important, parce que c'était la première mise au pas d'une rédaction qui était majoritairement contre la privatisation. C'était le premier acte symbolique et fort de Bouygues sur la chaîne et l'info.* »

En virant Mourousi, Le Lay et Mougeotte font d'une pierre deux coups : ils donnent un avertissement à la rédaction et marquent le signal d'un changement d'époque. Mais quel « 13 heures » pour cette nouvelle ère ? Quel « 13 heures » pour TF1 privatisée ? C'est ce que vont déterminer les études. « *Ce qui était important, c'était de savoir qui était là et avec qui. Savoir quelles sont les catégories socioprofessionnelles qui étaient là à 13 heures,* explique Wiehn. *Des gens de Paris ? De province ? Des paysans ?* »

La réponse déterminera le « 13 heures » de TF1 pour dix-huit ans : le public de ce journal… roulements de tambour…

1. En septembre 1987, soit cinq mois après la privatisation, Michel Polac, animateur de « Droit de réponse », émission emblématique de mai 1981, décide de tester son degré de liberté avec son nouveau patron, Bouygues. Il consacre une émission au pont de l'île de Ré, alors en construction, dont l'entrepreneur n'est autre que le groupe Bouygues. À l'antenne passe un dessin de Wiaz représentant Bouygues, ainsi légendé : « *Une maison de maçon, un pont de maçon, une télé de m…* » Polac est licencié sur-le-champ.

ce sont… des… provinciaux qui rentrent chez eux pour déjeuner ! La belle affaire. Et pourtant, c'est autour de cette évidence que se bâtit le nouveau JT : «*Pour rassembler le public, il faut lui ressembler. Donc il faut formater*», résume Wiehn. Et comment ressembler aux provinciaux ? En leur parlant des régions, pardi. Sauf que parler aux provinciaux depuis leur région, FR3 le fait déjà depuis ses stations régionales. Mais la proximité façon FR3 est un repoussoir pour l'équipe de TF1 qui travaille sur le «13 heures». La chaîne régionale a une image de télé de sous-préfecture qui invite les édiles à tour de bras. «*L'idée,* explique Michèle Cotta, *c'était que la télé ce n'est plus les gens qui viennent d'en haut, plus ces gens qui s'invitent interminablement. Je pensais que l'institutionnalisation passait mal. Ça venait de la réflexion sur la désaffection du JT de Mourousi. L'idée, c'était de faire du régional sans faire du FR3.*»

La pro-xi-mi-té, aujourd'hui une vieille lune, mais à l'époque, une idée nouvelle : «*La proximité : si vous n'avez pas ça, ça ne peut pas fonctionner,* explique Pierre Wiehn, *mais la proximité ce n'est pas France 3. France 3, c'est Paris à Limoges. Le "13 heures" de TF1, c'est Limoges à Paris.*» Limoges à Paris et non Paris à Limoges, c'est là une des clés de voûte du «13 heures» de TF1. Pour la première fois et de manière systématique, un journal va montrer la répercussion, au niveau régional, de l'actualité nationale, celle qui touche tous les Français : «*Le "13 heures" parle de la Picardie à la Bretagne,* explique Wiehn. *Il est interrégional sur des choses qui sont communes à l'ensemble.* » C'est la canicule évoquée via un reportage sur la raréfaction des anchois en Méditerranée, c'est la hausse du carburant vue par un quartier de retraités à Haguenau, en Alsace. « *Le Français est assez jacobin,* résume Wiehn, *or le "20 heures" est le journal du jacobinisme français. À 20 heures, c'est le tout. À l'époque, nous nous sommes dit, notre "20 heures" est jacobin, il faut donner la partie à 13 heures. Certes, la France est une et indivisible mais on reste breton. À 13 heures, il faut mettre le citoyen d'abord.* »

Mais en 1987-1988, on est loin du « 13 heures » folklorique, caricatural, renfermé sur lui-même d'aujourd'hui. Bien au contraire. Car au-delà de la course à l'audience, loin de la mise au pas qui pousse la nouvelle équipe de TF1 à virer Mourousi, le nouveau « 13 heures » porte aussi en lui de douces idées de liberté, de modernité, de changement. Pour certains, comme Jean-Claude Pâris, alors directeur de la rédaction de TF1, ce nouveau « 13 heures » est le moyen de rompre avec une information étatique, institutionnelle, d'y insuffler de la rapidité, plus d'images, bref, de faire du journalisme à l'américaine. « *L'idée,* explique Pâris, *c'était de faire un journal indépendant, qu'il y ait plus de reportages, que ça aille plus vite. J'avais vécu deux ans aux États-Unis, j'étais nourri des télés américaines. Tous les journaux avant la privatisation étaient très institutionnels. Il y avait peu de France d'en bas dans les JT, on ne voyait pas les gens. C'est un des trucs que j'ai aidé à insuffler par rapport à ce que j'ai vécu aux États-Unis.* »

À voir ce qu'est devenu le JT de 13 heures de TF1, le discours de Pâris étonne. En 1987-1988, le nouveau « 13 heures » de TF1, c'est la modernité, fini M. le Maire interviewé sur le plateau de FR3 Limoges, place à la parole donnée aux citoyens depuis leur région, place à l'image et place aux reportages.

Problème : en pratique, au moment de la privatisation, en 1987, seule FR3 dispose d'un maillage de stations assez important pour pouvoir couvrir les différentes régions françaises. Les autres chaînes, y compris TF1, n'ont que quelques correspondants dans les principales villes de province. Le nouveau « 13 heures » va bénéficier d'un réseau mis en place par TF1 au cours de l'année 1987, un partenariat entre différents titres de la presse quotidienne régionale (PQR) et TF1 pour fonder des agences d'images en région qui fourniront des sujets. Malin : la PQR apporte sa connaissance du terrain, TF1 finance et diffuse. Ce réseau, au départ pas uniquement destiné au « 13 heures », en sera pourtant la pierre angulaire. Il va permettre de conjuguer deux nécessités inhérentes au « 13 heures » : celle du nouveau besoin de proximité, et celle de l'obligation de rapidité face à une actualité en train de se faire : « *Au "13 heures", on n'a pas le temps de soupeser les choses comme au "20 heures"*, explique Jean-Claude Pâris. *Là, il faut aller vite.* »

Début 1988, tous les ingrédients du nouveau « 13 heures » sont réunis : une ligne éditoriale tournée vers les régions pour satisfaire le public de la mi-journée que le marketing a fait découvrir à TF1, et au service de cette nouvelle ligne, un réseau régional soigneusement tressé avec la PQR. D'ailleurs, les reportages sont toujours signés du nom du quotidien régional et non de la société de production qui réalise les sujets de TF1 : mieux vaut signer un sujet *La Voix du Nord* plutôt que NEP TV, la boîte de prod' créée par le quotidien nordiste, dont le nom ne signifie rien pour le téléspectateur.

« *On voulait moins de blabla, et autant que faire se peut, être proche*, raconte Jean-Claude Pâris. *On voulait un journal plus frais, on avait décidé qu'il n'y aurait pas d'invités au "13 heures". Notre seul credo : on traite tout mais en reportage, dans les faits, avec très peu de plateaux, pas comme un cours de Sciences-Po.* » Bref, c'est un JT anti-star. Alors, exit la vedette Mourousi, et pas de la manière la plus élégante qui soit. « *Yves l'a su dix heures avant que TF1 n'annonce son départ à l'AFP* », précise Marie-Laure Augry, qui se rappelle avoir pris son téléphone pour dire à Le Lay ce qu'elle pensait de ses méthodes, et envoyé un bouquet de roses à Mougeotte accompagné d'une carte : « *Avec mes remerciements.* » Marie-Laure Augry a toujours dans des cartons les kilos d'articles de presse déplorant la mise à l'écart de Mourousi : « *Yves a dit à Bouygues : " Merci de nous avoir fait notre pub !"* »

Reste à trouver l'anti-star pour incarner ce nouveau journal. Ce sera l'antithèse de Mourousi : Jean-Pierre Pernaut. « *Ce n'était pas le même homme, il était provincial, il prenait son train tous les jours* », se souvient Wiehn. Singularité du personnage, à ses débuts au « 13 heures » Pernaut habite alors toujours sa ville natale, Amiens, louant une chambre de bonne à Paris. « *Sa personnalité correspond au journal qu'il fait. C'est quelqu'un de très attaché à sa région,* confirme Marie-Laure Augry, et puis, ajoute-t-elle, *il avait un tempérament plus docile, plus facile que Yves pour les dirigeants qui voulaient mettre leur patte partout.* »

Casting idéal, Pernaut est imposé par Jean-Claude Pâris : « *J'aimais bien Pernaut, il faisait le "23 heures", les remplacements... C'est un type qui avait beaucoup de talent dans le bordel, un peu comme Cavada dans une soirée électorale. Et le "13 heures", ça se fait dans le bordel. Je pensais que Pernaut pouvait être un personnage capable de travailler vite, capable de faire un journal plein de reportages.* » Et puis, Jean-Claude Pâris trouve une autre qualité à son poulain : « *Pernaut est comme Poivre, ce sont des présentateurs très présents mais qui savent très bien passer les plats.* »

Un casting que Michèle Cotta n'accepte que du bout des lèvres : « *Pernaut, c'est vraiment Pâris qui l'a trouvé. Moi, j'avais pensé à Marie-Laure Augry. Rien de ce que représentait Jean-Pierre Pernaut ne me plaisait. Pâris a dit : "Il y a quelque chose à faire entre Pernaut et ce réseau PQR." Il a cherché le journaliste le plus inconnu et le moins emblématique pour se rapprocher de la France profonde.* »

Voilà donc l'agreste Jean-Pierre Pernaut dans le fauteuil de Mourousi, en charge des JT de 13 heures de la semaine. La formule met quelques mois à se mettre en place. Pâris demande au nouveau présentateur de ne pas prendre de vacances en juillet et août 1988. C'est là, au cœur de l'été, que Pernaut dépasse ses concurrents. Ils ne le rattraperont jamais.

2. De la betterave à la jet-set

«*Pernaut? C'est la betterave totale.*» C'est un connaisseur qui parle : Sylvestre Naour, ancien rédacteur en chef du *Courrier picard*, ancien correspondant de *Libération* à Amiens et ancien élève de la promo 1948 à l'École supérieure de Journalisme de Lille (ESJ), celle de Jean-Pierre Pernaut.

Ah la betterave sucrée! Championne du monde de sa production : la France. Son fief? La Picardie. Demandez à 1001 Picards âgés de 18 ans et plus ce qui symbolise le mieux leur région. À 37% (sondage CSA, France 3, *Le Courrier picard* effectué les 3 et 4 mars 2004), juste derrière la baie de Somme et les cathédrales, ils vous répondront : la betterave. Et quelle personnalité représente le mieux la

Picardie, demandez-vous à vos 1001 nouveaux amis : non pas Alexandre Dumas (35 %), non pas Élodie Gossuin, miss France 2001 (35 % itou, Dumas appréciera), non pas Jean de La Fontaine (41 %) mais vous brûlez, ni Jules Verne (44 %), mais bien… Jean-Pierre Pernaut ! Plébiscité par 47 % des Picards comme le meilleur d'entre eux, Pernaut ne manque jamais une occasion de leur rendre la politesse, rappelant à tout bout de champ (de betteraves) ses origines amiénoises et son amour pour la Picardie : «*Amiens, capitale de la Picardie et plus belle ville du monde*» (21/12/2005). Ce qui, la rigueur journalistique nous impose de le dire, n'est pas tout à fait exact.

Il était une fois Jean-Pierre Pernaut

Pernaut naît donc à Amiens le 8 avril 1950, d'une mère pharmacienne et d'un père ingénieur, chef d'une entreprise de machines-outils. Amiens ou presque : notre Jean-Pierre passe en fait son enfance à Quevauvillers, à quinze kilomètres de la capitale picarde. C'est là que Maman Pernaut a installé sa pharmacie, dans la maison même où habite la famille. «*Quand je regardais par la fenêtre*, nous apprend Jean-Pierre Pernaut dans le supplément télé du *Parisien*, *je voyais les clients de ma mère arriver à cheval.*» Déjà, confie-t-il au même journal, son sillon semble bien tracé : «*C'était un autre temps. Celui des années 1950 dans un petit village picard, où le petit garçon que j'étais cueillait des cerises au début de l'été, observait les paysans pendant les moissons, rendait visite aux voisins cultivateurs ou partait à pied chercher du lait.»*

Bref, du bien beau Pernaut d'Épinal. Qui nous raconte la passion de son père et de son frère aîné – Jean-François, médecin et membre du Rotary Club d'Amiens – pour la course automobile, une passion dont son propre fiston Olivier a fait son métier. Pernaut, son truc, c'était le hockey sur gazon. Son oncle présidait le club de hockey de l'Amiens Sporting Club et voilà notre Jean-Pierre crosse à la main, ailier gauche et rapide comme l'éclair. Ou plutôt comme «la gazelle», son surnom d'alors.

Dans sa légende telle qu'il la raconte au *Parisien*, Pernaut en passe évidemment par le stage au *Courrier picard*, la révélation du journalisme, l'odeur du plomb, les rotatives, «*Monsieur Loubère qui [l]'a pris sous son aile*»... Une enfance apparemment cossue : hockey, pharmacie et Papa au rallye du Touquet. Un compagnon de l'ESJ, Gilles Guérin, raconte une famille avec «*un petit côté britannique, des parents très discrets mais pas obséquieux*». Et comment donc notre Jean-Pierre de 18 ans aborde-t-il Mai 68? Il était en première, raconte-t-il au *Parisien*, et c'est la révélation : «*Là, en regardant à la télé ce qui se passait un peu partout en France, je suis redevenu un homme d'ordre.*» Car avant Mai 68, Jean-Pierre était une graine de voyou et séchait les cours! Et pour quoi faire? «*Aller jouer au baby-foot et aller au cinéma»* ! Pas joli-joli, tout ça. Heureusement, avec Mai 68, Jean-Pierre est donc «*redevenu un homme d'ordre. Je ne me suis jamais senti l'âme d'un idéaliste, j'ai toujours été proche de la terre et je me suis certainement dit alors que, décidément, je n'aimais pas la "chienlit". C'est comme ça que j'ai été élevé : pour gagner sa vie, il faut bosser. Et cette année-là, alors que l'agitation était partout, je n'ai pas séché du tout*».

Las, ça ne suffit pas : Jean-Pierre n'est décidément pas fortiche à l'école et rate son bac. Il tente tout de même l'École supérieure de Journalisme (ESJ) de Lille à laquelle on pouvait alors accéder sans bachot, à la condition d'être libéré de ses obligations militaires. Ce sera Évreux et l'armée de l'air avant d'intégrer enfin l'ESJ en 1972. Il fait partie des trente apprentis journalistes retenus sur trois cents candidats.

Pour Gilles Guérin, Pernaut est le «*pivot, la pierre angulaire*» de la promotion 1948. Jean Colin, autre camarade et aujourd'hui directeur de France Bleu Pays de Savoie, décrit Pernaut comme «*la locomotive de la promo en matière d'audiovisuel*». C'est que Jean-Pierre pige déjà un peu à l'ORTF Amiens Picardie (future FR3 Amiens Picardie). «*Un mec pressé, très très actif*», selon Colin : «*Nous, le groupe spécialisé dans l'audiovisuel, une seule chose nous faisait bander : la radio.*» Deux professeurs à l'époque : Jean-Claude Bourret et Dominique Bromberger. «*On le sentait ambitieux,* se souvient Sylvestre Naour, *nous on voulait créer des journaux, lui il était déjà dans les couloirs des radios et de la télé. Mais c'était aussi la richesse de cette école, d'un côté les libertaires et les maos, de l'autre des types comme lui, fils de pharmacien.* »

Pour Jean Colin, «*Jean-Pierre s'affichait comme un mec de droite*», «*droite bonnard et un peu provoc'* », précise Gilles Guérin. La promo se partage alors entre maos et libertaires – dont Sylvestre Naour, qui participa plus tard à la création de l'APL, l'Agence de Presse Libération qui aboutit à la naissance, en 1973, de *Libération* – et les autres – dont Pernaut. «*Il faisait du hockey sur gazon*, se souvient Sylvestre Naour. *Et moi j'étais libertaire. À l'ESJ, Pernaut a voulu créer un syndicat affilié à la CFT* [la Confédération française du Travail, syndicat pro-patronal, devenue plus tard CSL, Confédération des Syndicats libres, nda], *le syndicat maison de chez Citroën.*» Pour l'anecdote, Naour raconte un bal donné à l'ESJ et Pernaut dans le service d'ordre. La femme de Sylvestre Naour – alors militante à la Fédération anarchiste – s'accroche avec Pernaut et… le mord ! «*Il doit encore en avoir la marque*», rigole Naour.

Selon Gilles Guérin, à l'époque, «*Pernaut transparaît sous Jean-Pierre, il avait une tendresse non feinte pour les gens de la terre*». Jean Colin renchérit : «*C'est sa culture, son histoire qui font qu'il a des valeurs de droite.*»

Au sortir de l'ESJ, Pernaut rejoint Jean-Claude Bourret à France Inter. Pas vraiment par choix mais parce que la bourse Europe 1, la voie royale à l'époque, avec à la clé le boulot dans la station de la rue François Ier, lui passe sous le nez. À France Inter, dans les bureaux d'à côté, Christian Bernadac qui dirige la troisième chaîne tout juste créée. Bernadac l'embauche. Un an plus tard, en 1975, à l'issue de l'éclatement de l'ORTF, TF1 naît et Pernaut rejoint Bernadac, en compagnie d'un petit jeune de l'époque qui, trente ans plus tard, deviendra président de France Télévisions : Patrick de Carolis.

Voilà notre Jean-Pierre présentant le journal de 23 heures sur la Une pendant trois ans. En 1978 et deux années durant, il fait quelques passages au « 13 heures », dans l'ombre du journaliste-vedette, Yves Mourousi, dont il assure l'intérim. Bref, Pernaut vivote jusqu'à ce 22 février 1988 où il prend définitivement le fauteuil du « 13 heures ». Il devient l'une des icônes de la chaîne. Enfin presque : «*À l'époque, Jean-Pierre n'était pas content parce qu'on ne parlait que de Poivre,* se souvient Michèle Cotta, *il était furieux d'être dans l'ombre.*» Et en même temps, Pernaut est méfiant : la vie parisienne, le strass, les paillettes, en bon terrien, il s'en défie. «*Au début, il refusait beaucoup de choses en matière de communication, il avait peur*», se rappelle Pascale Brunetti, alors attachée de presse chargée de l'information à TF1. Au point que, deux ans après les débuts du « 13 heures » de Pernaut, il faut rectifier le tir : «*Il n'avait pas l'image d'un présentateur attaché à la chaîne, alors j'ai organisé l'anniversaire des deux ans du journal à la tour Eiffel, avec des paniers de produits régionaux pour les journalistes, et j'ai invité tous les présentateurs et les animateurs de TF1.»* C'est à cette occasion que Pernaut décroche sa première couverture de presse. «*C'était* TV Mag, se souvient Pascale Brunetti, *c'est moi qui l'ai reçu en premier, j'ai appelé Jean-Pierre pour qu'il vienne se voir. Il n'arrêtait pas de répéter: "C'est moi! C'est moi!" Il était heureux comme un môme au pied du sapin de Noël.*»

C'est qu'à ses débuts au «13 heures», Pernaut ne fréquente pas la vie parisienne: il n'habite même pas Paris, rentrant chaque soir à Amiens où l'attendent sa femme Dominique – ils se sont rencontrés, tous deux étudiants, à Amiens – et ses deux enfants, Julia et Olivier. Il finit par louer un studio parisien où il habite en célibataire avant d'emménager à Rueil-Malmaison avec femme et enfants. Mais ouf, confie-t-il en août 1991 à *Télé 7 Jours*, il a «*eu de la chance de trouver une petite maison dans une rue piétonnière avec un jardin où il prend le temps de soigner ses rosiers*».

Moins glamour que PPDA, le Pernaut qui se fait prendre en photo par *Télé 7 Jours* en train de lire *Picsou Magazine*... Pas (encore) de liaison fatale à mettre en une de *Voici*. La présentation de «Combien ça coûte?», depuis juillet 1991, lui apporte tout de même un peu de visibilité dans la presse *people*.

En 1997, son premier Sept d'or – quatre à ce jour, dont deux obtenus suite au vote du public – le sacre «meilleur

J'adore le jardinage...
...ça me rappelle le boulot !
Colmède

présentateur du journal télévisé». Une distinction à laquelle PPDA n'a toujours pas eu droit. Mieux, année après année et sondage après sondage (si si, des gens dépensent de l'argent pour commander de telles études), Pernaut décroche l'inestimable honneur d'être l'animateur préféré des Français.

Un homme en colère

Aujourd'hui, à l'intérieur de la rédaction de TF1, Pernaut est un personnage plutôt apprécié bien qu'un peu moqué. «*Il est sympa,* précise un journaliste, *il est naturel, à l'antenne comme dans la vie. Pernaut, s'il a fait un bon repas, il est content, c'est ce genre de type, c'est* lou ravi.» Convivial aussi : «*Quand il passe dans la région,* rapporte un correspondant, *il appelle toujours pour boire un pot.*» Plusieurs collaborateurs soulignent la disponibilité de Pernaut : «*Lui, on peut l'avoir directement au téléphone, alors que PPDA c'est impossible.*» D'ailleurs, avant la conférence de rédaction de 8 h 30 qui finit de préparer le JT de 13 heures du jour (les autres sujets sont calés la veille à 18 h 30), Pernaut appelle lui-même les correspondants en région pour passer commande. Certains ont déjà épluché *Aujourd'hui en France - Le Parisien*, raconte un correspondant, pour y trouver les sujets qui plairont à Pernaut : «Le Parisien, *c'est son modèle.*»

«*C'est un bosseur*», disent plusieurs journalistes qui expliquent que, contrairement à d'autres présentateurs, il écrit lui-même tous ses lancements de sujets… Et collègue de bureau farceur avec ça : certains se souviennent d'une fête organisée dans la rédaction où notre Jean-Pierre s'est pointé avec une baguette sous le bras et un béret sur la tête, manière de se moquer de lui-même.

Mais tous racontent aussi les fameuses colères de Pernaut, un élément-clé du bonhomme. «*Des colères rouges, alors que PPDA fait dans la colère blanche*», souligne un ancien, qui raconte : «*Une fois, Jean-Pierre était tellement furieux que, de rage, il s'est roulé par terre en conf' de rédaction.*» Une journaliste précise : «*C'est un drôle de mélange : il est à la fois placide et colérique. Étonnamment, il est assez tendu et angoissé dans la préparation de son journal.*» Longtemps, ses colères sont tournées vers son rédacteur en chef, Christian Bousquet, qui a aujourd'hui quitté TF1 : «*C'était son souffre-douleur,* explique une journaliste, *il passait ses nerfs sur lui.*» «*Bousquet, c'était son esclave,* renchérit une autre, *il le traitait de connard.*» Ce qui met Pernaut en colère ? Un reportage qui ne va pas dans le sens qu'il veut : «*Quand il demande un micro-trottoir, il dit à l'avance ce qu'il veut entendre. S'il ne l'a pas, il n'est pas content*», explique un reporter. D'autres soulignent la «*boule de nerfs*» : «*C'est une éponge émotionnelle.*»

Censée travailler aussi bien pour le «13 heures» que le «20 heures», la rédaction renâcle un peu à aller faire ce que certains appellent là-bas «*une pernaugraphie*», à savoir les reportages chez le dernier savetier de Trifouillis-les-Oies. «*Sauf ceux,* sourit un journaliste, *qui ont envie d'aller faire le camembert en province parce que c'est l'occasion de passer quelques jours dans une auberge sympa.*»

«La Ferme» du malheur

Derrière Pernaut se cache aussi un fieffé séducteur. Prenez le 8 décembre 2001. Imaginez le cadre. Mulhouse. L'élection de Miss France 2002. Geneviève de Fontenay, Frosine *modern style,* place Jean-Pierre Pernaut aux côtés d'une certaine Nathalie Marquay, Miss Alsace 1986 et surtout Miss France 1987. «*Je croise le regard de Jean-Pierre,* confie Nathalie Marquay à *Paris Match* en mai 2003. *Je sais immédiatement que c'est l'homme de ma vie.*»

Selon Hedi Dahmani, rédacteur en chef de *Voici,* jusqu'à Nathalie Marquay «*Pernaut était un* people *dans un registre officiel, il ne suscitait pas l'intérêt des agences, considéré comme ringard*». Mais voilà que, début 2003, Hedi Dahmani reçoit une série de photos représentant notre sacré Jean-Pierre à l'île Maurice, filmant avec un caméscope une jeune naïade brune topless, les yeux masqués par des lunettes de soleil. Les clichés font la une de *Voici* avec ce titre : «*C'est pour le "13 heures", Jean-Pierre ?*» Les ventes sont moyennes, reconnaît Dahmani : «*Je pensais que ça ferait plus.*» Quelques semaines plus tard, l'identité de la naïade sort dans la presse : «*C'est là que ça commence,* explique Dahmani. *Être avec une Miss France, ça suffit à créer un pseudo-événement.* »

Avec Nathalie Marquay à ses côtés, Pernaut, qui se méfiait tant des flashes des photographes, devient enfin un *people* allant jusqu'à poser avec Madame et leurs deux enfants dans *Paris Match*. «*Du coup,* souligne Hedi Dahmani, *Pernaut devient une valeur pour la presse* people, *au même titre qu'un Bruel.*» Suivent d'autres paparazzades, pas forcément glamour mais tellement pernautiennes : Jean-Pierre remplissant son Caddie dans un supermarché d'Amiens…

Enfin arrive «la Ferme Célébrités 2», un «Loft Story» campagnard pour vedettes sur le retour où Nathalie Marquay s'enferme deux mois et demi durant, au printemps 2005, en compagnie de Régine, Jordy ou encore Daniel Ducruet, poissonnier et tombeur de princesse de pacotille. Et le piège de la peoplisation se referme sur Pernaut. La compagne du champion des petits villages et des vertus de la campagne occupée à gratter du fumier et traire les vaches : cocasse, pense-t-on à TF1, qui va jusqu'à autoriser le présentateur-vedette de son «13 heures» à aller visiter sa dulcinée sous les caméras du producteur, Endemol. Mais voilà que, début juin, *Ici Paris* titre : «*Nathalie Marquay-Daniel Ducruet : une tendre complicité…* » Sur l'antenne de TF1, en direct depuis «la Ferme Célébrités», Nathalie Marquay croit bon de démentir mais la machine est en marche et l'affaire fera la une de tous les hebdos *people* durant l'été 2005.

« *Chaque année,* note Hedi Dahmani, *il y a une histoire qui passionne, il y a eu Cantat-Trintignant, il y a eu Jarre-Adjani et à l'été 2005, il y a eu Marquay-Pernaut.* » Tout juste créé, le magazine *Closer* en fait sa rampe de lancement. Au cœur de l'été 2005, la revue achète des écrans de pub sur toutes les chaînes pour vanter sa couverture – « *Exclusif : Jean-Pierre Pernaut, Nathalie le quitte* » – y compris sur TF1, y compris au milieu de « l'Île de la tentation », l'hymne à l'adultère estival de la Une. Tous les magazines *people* font leurs choux gras de « l'affaire ». L'affaire ? Des photos peu explicites de Nathalie Marquay et Daniel Ducruet sur une plage du Sud de la France. Début août, *Voici* affiche à la une la photo d'un Pernaut désemparé fronçant les sourcils, accompagnée de cette dramatique légende : « *Si Nathalie ne revenait pas...* » Le 8 août, *Public* réplique : « *Nathalie Marquay & D. Ducruet ensemble en vacances* ». À *Voici* de contre-attaquer : c'est, le 15 août et toujours à la une, un Jean-Pierre Pernaut abattu : « *L'homme blessé* », titre l'hebdo du groupe Prisma. Surenchère dans une double page intérieure : « *La France est avec toi, Jean-Pierre* », accompagnant des clichés de Pernaut réfugié en Picardie.

Télé 7 Jours entre dans la danse et publie lui aussi les mêmes photos de Nathalie Marquay et Daniel Ducruet. L'affaire mérite apparemment un édito du directeur de la rédaction de l'hebdo télé, Patrick Mahé : «*Son incroyable fiancé*», titre-t-il au sujet de Ducruet, perfide référence à l'infâme estivale téléréalité éponyme de TF1, où une cruche doit, rigolades assurées, faire croire à sa famille qu'elle épouse un gros. *Ici Paris* dégaine alors la maquignonne de Nathalie Marquay : Geneviève de Fontenay en personne. La dame au chapeau a choisi une punition adaptée à son ex-Miss : «*Elle mériterait une giroflée à cinq branches – paire de gifles – alors qu'elle a tout pour être heureuse.*» En tout, soixante-six couvertures de magazines et quarante-deux procédures judiciaires entamées par Pernaut. Voilà qu'arrive le 22 août 2005 : c'est le retour tant attendu du présentateur aux manettes du «13 heures». *France Soir*, sobre, titre à la une : «*Pernaut, l'épreuve du "13 heures".*»

C'est que, si on évoque par-ci, par-là des réunions de crise à TF1, furax notamment du traitement de *Télé 7 Jours* – on dira d'ailleurs un temps Patrick Mahé sur un siège éjectable suite à son édito[1] –, le Pernaut est resté muet comme une carpe. À 13 heures, ce lundi, le voilà fou de joie à l'antenne : «*Mesdames, messieurs, je suis très heureux de vous retrouver. Déjà des millions de Français ont terminé leurs vacances, comme moi, ça fait plaisir de se retrouver chez soi.*» Las, Jean-Pierre ne dit pas si Nathalie était là à l'attendre. En fin de ce JT, il y

1. Patrick Mahé sera finalement débarqué de *Télé 7 Jours* fin janvier 2006, *a priori* pas à cause de Pernaut mais à l'occasion d'une nouvelle formule de l'hebdomadaire.

va de son allusion cachée à son été de fièvre : «*J'étais vraiment très heureux de vous retrouver, merci... de tout cœur pour votre fidélité.*» Et là, Pernaut enchaîne avec une nouvelle allusion, très fine : «*Un petit cadeau en guise de générique, la première étape aux USA, à Boston, de la tournée mondiale d'un groupe de sexagénaires qui gardent formidablement la pêche, les Rolling Stones.*» Le message est clair : reviens, Nathalie, je suis bien aussi fringant que Mick Jagger. Du grand art.

Dans la presse *people*, le feuilleton se poursuit encore un peu. Début septembre, *Voici* balance un énorme «*Nathalie et Jean-Pierre, c'est fini*». *Télé 7 Jours*, qui fait pénitence, dégaine l'indispensable sondage : 79 % des Français ont une bonne image du présentateur. Hormis les extraits d'un téléfilm érotique dans lequel a joué il y a des lustres Nathalie Marquay, que publie *Voici* début octobre, l'affaire quitte peu à peu la une des gazettes. Ici et là, quelques photos de Nathalie et Jean-Pierre réunis le temps d'un rallye automobile pour vedettes. Le couple entame alors une tournée de réhabilitation médiatique. Une caméra de Canal+ les surprend tous les deux assis à la même table lors d'une soirée prestigieuse, le Bal des Étoiles. Puis ils vont amuser la galerie en participant, sur la Une, en octobre, au «Certif'» et en décembre à un «Qui veut gagner des millions ?» caritatif. À chaque fois en butte aux sourires en coin et remarques fines de leurs gentils camarades animateurs – Christophe Dechavanne demandant à Nathalie Marquay d'un ton doucereux : «*J'espère que vous avez profité de votre été pour réviser?*» et Jean-Pierre Foucault l'appelant «*la patronne*».

C'est par ce triste tour de piste que se clôt (temporairement?) le cirque de «l'affaire Marquay-Pernaut». Le présentateur, au départ méfiant quant à sa médiatisation, s'est mis à jouer le jeu des magazines avant de se prendre, à la manière des tribulations conjugales de Nicolas Sarkozy, les pieds dans le *people.* À la mi-février 2006, Jean-Pierre Pernaut devait tout de même ajouter une brique à l'édifice en publiant *Pour tout vous dire…*, supposé, selon l'éditeur Michel Lafon, revenir sur cet «*été meurtrier*» et «*remettre les pendules à l'heure*».

3. Un si joli petit réseau

Et si Jean-Pierre Pernaut était de gauche ? Hilarité générale. Disons plutôt : et si le « 13 heures » de Pernaut était de gauche ? Re-hilarité générale. Et pourtant, ce qui semble aujourd'hui une énormité n'en était pas une aux débuts du « 13 heures » en 1988. Demandez à Christian Dauriac, aujourd'hui directeur général de Canal France International (CFI) et ancien directeur de la rédaction nationale de France 3. En 1987, il était rédacteur en chef à TF1 et c'est lui qui a fondé le fameux réseau PQR, pilier du « 13 heures » et désormais dealer exclusif de sujets sur le riz au lait de tata, les crécelles de Kientzheim ou l'incontournable expertise sur l'augmentation du prix de la vie de l'économiste en fichu et panier plein de poireaux. Ce Christian Dauriac-là vous racontera des choses étranges, à peine croyables : «*Il y a un truc dont on était persuadés, c'est que comme on était sur une chaîne privée, on allait être plus libres.*»

C'est dans cet esprit qu'il bâtit le réseau PQR en 1987 : «*Jusqu'en 1986, j'avais été patron de la rédaction nationale de FR3, et puis quand la gauche a perdu les législatives, la droite a nommé Roger Han à FR3. Roger Han dont Edgar Faure avait dit : "On a nommé un Chinois RPR à FR3, je ne pense pas que ce soit parce qu'il est chinois..." Du coup, moi, on m'a mis dans un placard pour réfléchir à l'info locale. Et là, j'ai cherché comment je pouvais faire le plus chier FR3, et j'ai trouvé l'idée de faire une agence d'images à partir du réseau de la PQR pour TF1.*»

On s'en souvient, alors qu'elle cherchait la raison de la désaffection du public pour le «13 heures» à froufrous et paillettes d'Yves Mourousi, la nouvelle équipe de TF1 avait découvert la lune : le téléspectateur du «13 heures», c'est un provincial qui rentre déjeuner chez lui. Dauriac apporte sa touche : «*Les gens que vous cherchez sont des lecteurs de PQR*», dit-il à l'équipe en charge de rénover le «13 heures».

Bien vu, sauf qu'au début, rares sont ceux qui en sont convaincus à TF1. Qu'importe, Dauriac se lance : «*J'ai contacté Jean-Pierre Coudurier au* Télégramme de Brest, *qui était alors le vieux sage de la presse quotidienne régionale, pour lui exposer cette idée.*» Un premier bureau est créé à Lille. Toulouse, Marseille, Strasbourg suivent et fin 1987, douze bureaux sont en place. Il y en a dix-neuf aujourd'hui, qui font travailler une centaine de journalistes. «*Les structures étaient différentes selon les régions, les agences ne se sont pas toutes faites à partir d'un seul quotidien régional, par exemple, à l'Ouest, c'était un Groupement d'intérêt économique (GIE) entre les quatre quotidiens de l'Ouest ; à Strasbourg, le bureau, c'était* Les Dernières Nouvelles d'Alsace *alliées à* L'Alsace… »

Le contrat entre TF1 et les bureaux, lui, ne varie pas : «*C'est moi qui ai fixé les prix,* explique Dauriac : *8 500 francs HT [1 295 euros] le sujet prêt à diffuser. Dès qu'un bureau ouvrait, il avait une garantie de cent cinquante sujets par an, c'est-à-dire plus d'1 million de francs [150 000 euros].*» De plus, l'accord est assez souple et permet aux différentes agences de travailler pour d'autres clients. «*Pour la PQR,* conclut Dauriac, *c'était une très bonne affaire, ça représentait plus de la moitié de leur marge.*»

Sur le fond, le postulat de base est à des kilomètres du JT arts et traditions populaires que fait Pernaut aujourd'hui. «*Ce que j'ai vendu à TF1,* explique Dauriac, *c'est du non-institutionnel et de la réactivité.*» Non-institutionnel parce qu'il n'est pas question de faire «télé M. le Maire». TF1, chaîne privée, se positionne comme l'anti-FR3, libre, débarrassée du joug de l'État : « *On disait aux journalistes qu'ils allaient pouvoir engueuler les notables !* », se souvient Dauriac.

Les institutionnels sont donc bannis du «13 heures», non seulement des plateaux mais aussi des reportages qui doivent montrer « les vrais gens ». *« J'avais vu plusieurs études qui disaient qu'il fallait que les présentateurs se mettent derrière les images,* explique Dauriac. *Qu'il fallait des reportages sur des "vrais gens" dans la "vraie vie". »* Quant à la réactivité que « vend » Dauriac à TF1, elle est rendue nécessaire par la nature même du journal de la mi-journée, qui se déroule à un horaire où l'actualité est en train de se faire : *« Le "13 heures" est le journal le plus difficile, il y a toujours la peur du journal vide. Toujours l'angoisse de "Qu'est-ce que je mets dans mon '13 heures' ?" Avec ce réseau, ce que TF1 achetait, c'était de l'exclusivité et de la réactivité. Il fallait qu'à la conf' du "13 heures", le matin à 8 h 30, chaque bureau ait un sujet à proposer. Et pour un sujet pour le "13 heures", il faut que l'équipe soit partie avant la conf' de 8 h 30. »*

Le réseau PQR est donc un formidable outil pour le « 13 heures », même s'il n'est pas exclusivement à son service : *« Les agences travaillaient à 60 % pour le "13 heures" et à 40 % pour le "20 heures" »*, se rappelle Dauriac. Mais, il est formel, il n'était pas question à l'époque de faire le « 13 heures » de Jean-Pierre Pernaut tel qu'on le connaît aujourd'hui : *« Au début, le principe c'était de livrer de l'actu' chaude qu'on ne trouverait pas chez Antenne 2 [France 2], FR3 [France 3], et surtout La Cinq. Il ne faut pas oublier qu'à cette époque-là, la grande peur de TF1 c'était La Cinq, qui était très offensive en matière d'info. »* La Cinq est alors détenue par le groupe Hersant, qui possède de nombreux quotidiens

régionaux. Ceci expliquant pourquoi Dauriac n'a pas eu de grandes difficultés à marier la carpe et le lapin, la télé et la presse, ennemies historiques, et mieux encore à faire s'allier des quotidiens régionaux entre eux : «*Pourquoi j'ai réussi à fédérer les journaux? Parce que ceux qui ont accepté, c'était principalement les quotidiens anti-Hersant, donc anti-La Cinq. Et donc, ce n'était pas les journaux les plus à droite.* Les DNA, *par exemple, soutenaient Catherine Trautmann…* »

Et puis, Dauriac fixe des règles très strictes : «*Je ne voulais pas qu'un journaliste bosse à la fois pour la PQR et la télé – ce genre d'idées était très à la mode à l'époque –, donc pas de structure commune entre le quotidien et l'agence. Ce que le quotidien apporte, c'est un réseau de recherche de l'info. J'ai donc instauré un système de piges pour le journaliste qui fait remonter l'info à l'agence.*»

Même souci d'indépendance pour le recrutement des journalistes des bureaux de correspondants : «*J'ai surtout évité de prendre le petit cousin du directeur de la rédaction du quotidien régional,* explique Dauriac. *J'ai plutôt cherché du côté de la radio, des écoles de journalisme, mais aussi quelquefois de la presse écrite – par exemple Alex Panzani, qui dirigeait le bureau de Marseille. En tout cas, j'ai pris la crème de ce qu'on pouvait trouver au niveau local, des journalistes comme Jean-Pierre Stucki à Strasbourg, qui venait de la radio et avait fait une école de journalisme avant, ou Michel Brunet à Toulouse, qui était agrégé de philo…* »

De belles bases bien saines, des journalistes de qualité, un réseau fonctionnel, tout ça pour se retrouver à faire « le dernier savetier de Trifouillis-les-Oies » ? Christian Dauriac proteste : «*Au début, le "13 heures" de Pernaut était un "13 heures" classique, et puis ça s'est transformé. Mais au début, en 1988, c'était un journal normal. Je n'ai pas recruté les meilleurs journalistes de la région pour faire du Pernaut !* »

4. Jean-Pierre Stucki, correspondant

C'est une histoire qui commence bien. En juillet 1988, Jean-Pierre Stucki, journaliste à Europe 2 Strasbourg, 47 ans aujourd'hui, est recruté par l'équipe formée par TF1, *Les Dernières Nouvelles d'Alsace* (DNA) et *L'Alsace* pour diriger le bureau de Strasbourg, nouvellement créé. « *Ce qu'ils avaient derrière la tête, c'est de créer des télés locales avec ces bureaux en région,* raconte Jean-Pierre Stucki. *Mais finalement, nous nous sommes retrouvés à travailler à 50 % pour le "13 heures", le reste se partageant entre les éditions du matin et de la nuit, quand elles existaient encore, le "20 heures" et les journaux du week-end.* » En huit ans, jusqu'à ce que Jean-

Pierre Stucki démissionne, le bureau de Strasbourg, toutes éditions confondues, fournit deux mille reportages. « *C'est beaucoup mais on a eu énormément d'actualité : l'Ordre du Temple solaire, le mont Saint-Odile, l'Europe....* »

Selon les règles établies par Christian Dauriac, qui a monté le réseau de correspondants avec la PQR, TF1 n'est pas actionnaire du bureau local, mais *via* un accord-cadre elle en est le principal client : « *Un nombre minimum de sujets étaient prévus, mais qui suffisaient juste à faire vivre la société,* explique Stucki. *Le sujet avait une valeur financière : au-dessous de 2'30", 10 000 francs [1 524 euros] ; au-dessus, 20 000 francs [3 048 euros]*[1]. *Par contrat, il fallait être disponible et avoir un faisceau libre 24 heures sur 24, les informateurs étaient rémunérés 100 francs à la pige [152,40 euros]. Les actionnaires n'ont jamais demandé de faire du chiffre mais ils étaient très attentifs au contenu. Assez rapidement, on a créé une deuxième équipe. Le bureau était rentable à dix sujets par mois.* »

Conséquence : pour être viable, le bureau doit produire, produire, produire. Entre TF1 et l'agence, il ne s'agit pas de rapport de rédacteur en chef à journaliste mais de client à fournisseur. Pour Stucki, alors, peu importe, l'expérience est passionnante : « *On nous a dit : c'est un journal qui va faire une grande place aux régions, on veut des gens de terrain. Un maire uniquement si c'est un maire de terrain. Des sujets de vie*

1. Ces tarifs sont toujours en vigueur, mais le seuil de 2 minutes 30 est passé à 3 minutes.

quotidienne dans les régions et qui soient le reflet des traditions dans les régions. » Exemple, se souvient l'ex-correspondant de TF1 : « *Un sujet sur l'école. Pernaut veut des enfants – il adore les enfants –, il veut aussi des parents d'élèves. Mais il ne veut pas l'inspecteur d'académie ni le président de l'association des parents d'élèves, un instituteur à la rigueur mais surtout, surtout pas de syndicaliste.* »

Des choix aux relents réactionnaires, mais qui, à l'époque, semblent empreints de nouveauté et d'anticonformisme : « *Ce "13 heures", c'était une révolution par rapport à ce que faisait France 3 qui était centrée sur les notables. C'était le début du reportage en régions au jour le jour. Pour la première fois, on pouvait envoyer les images en un quart d'heure. L'immense majorité des sujets du "13 heures" est d'ailleurs envoyée entre 12 h 30 et 13 h 15.* » Bref, résume Stucki, TF1 invente l'information décentralisée : « *Ce qu'ils nous ont demandé, c'est l'illustration de l'actualité et pas au bar-tabac de la rue Cognacq-Jay, où était située la rédaction de TF1 à l'époque. Le problème, c'est qu'avec les délais imposés – 8 heures pour 13 heures –, on l'a souvent recréé en bas de chez nous, le bar-tabac de la rue Cognacq-Jay…* »

Mais pour Stucki, ce qui prime alors c'est l'impression de liberté qui se dégage de ce dispositif : « *Au départ, le "13 heures" c'était une télévision vivante, on pouvait s'affranchir des règles, on faisait des reportages caméra à l'épaule, nous n'étions jamais sur les mêmes sujets que les confrères, sauf en cas de grosses actus. On inventait quelque chose.* » C'est, paradoxalement, cette grande liberté décrite par Stucki qui favorise l'explosion des sujets magazine de fin de journal : le fameux savetier de Trifouillis-les-Oies est en fait une occupation de choix pour les correspondants, qui plus est payée plus cher car plus longue… « *Sur les sujets magazine, on s'éclatait, on pouvait enfin prendre notre temps : une journée de tournage, une journée de montage, c'est plus confortable, on prend le temps d'écrire… Donc ça donnait des choses un peu poétiques. On avait aussi le temps de choisir une bonne musique… Jamais nous n'avons eu de consignes sur la construction, l'écriture des sujets, nous n'avions pas de petit bréviaire de TF1.* »

Exemple de la bride laissée au cou des correspondants : en 1988, à l'occasion de la création du RMI, le « 13 heures » demande au bureau de Strasbourg un sujet sur un genre de RMI local qui existe depuis déjà plusieurs années en Alsace. « *On a fait un sujet avec des gens qui avaient un accent tel qu'il a fallu sous-titrer pour le passage à l'antenne. On nous a fait le reproche, y compris en Alsace, de ne prendre que des gens avec accent pour faire couleur locale. Mais c'était fortuit, le "13 heures" ne nous demandait pas de choisir des gens avec un fort accent, ils voulaient juste des gens de chez nous, pas des gens caricaturaux.* »

Tous les matins, entre 8 heures et 8 h 30, se souvient Stucki, « *Pernaut appelait lui-même les correspondants pour commander des sujets* ». La liberté d'accord, mais c'est

Pernaut qui dirige : «*Il y avait plus de commandes que de propositions*», admet l'ancien correspondant. Et que veut Pernaut ? Du patrimoine : «*Si l'Alsace est très représentée dans le "13 heures", c'est que c'est une région de traditions*», explique Stucki. Pour qui, les crécelles de Pâques, la Saint-Nicolas, sans oublier les sempiternels marchés de Noël ? Pour le correspondant de TF1 en Alsace. Sans compter les autres traditions pas spécifiquement alsaciennes qu'on lui demande d'illustrer par un reportage dans sa région. «*Par exemple, la Chandeleur*, raconte Stucki. *Pas facile de trouver une famille qui fait des crêpes à midi pendant la semaine. Alors on fait appel à des gens que l'on connaît, qui ont des enfants et qui ont prévu de faire des crêpes. On ne va pas jusqu'à venir avec les œufs, la farine et le lait, mais on leur demande de les faire plutôt ce jour-là pour le reportage…* » C'est la Chandeleur au bar-tabac de la rue Cognacq-Jay, décentralisée en Alsace.

Mais surtout, il y a le marché de Noël, un classique de chez Pernaut. Tous les ans, dès novembre et jusqu'à fin décembre, se succèdent les reportages, parfois même les séries, sur les marchés de Noël en Alsace : les friandises, les décorations, les commerçants qui perpétuent la tradition. La tradition ? Pas du tout, c'est Pernaut qui a inventé les marchés de Noël. «*À la fin des années 1980,* raconte Stucki, *le marché de Noël c'était quarante stands sur une seule place de Strasbourg, ce n'était plus qu'une survivance d'une tradition datant du XV*e *siècle.*» En 1989, Catherine Trautmann est élue à la mairie de Strasbourg et décrète la ville capitale de Noël, pour faire vivre Strasbourg en dehors de la saison touristique. «*Le boom des marchés de Noël, c'est la conjonction entre le souci de Strasbourg d'attirer les touristes et l'envie de Pernaut d'avoir, dans son journal, ce genre de sujet traditions, les belles images de Noël, les yeux des enfants qui brillent, le vin chaud…* »

Via Pernaut, le marché de Noël est médiatisé, ce qui entraîne la création de nouveaux marchés qui sont de plus en médiatisés, ce qui fait qu'encore plus de marchés se créent qui sont encore plus médiatisés… Résultat, raconte Jean-Pierre Stucki : «*La première année, on a fait un sujet sur les marchés de Noël ; la deuxième année, on a fait deux-trois sujets sur les marchés de Noël ; quand je suis parti en 1996, il y avait douze sujets ; on a même fait une cassette* best of *en 1992-1993, avec une trentaine de sujets. On a entraîné les marchés de Noël. Aujourd'hui, il n'y a pas une ville alsacienne de plus de 2 000 habitants qui n'ait pas son marché de Noël. À Strasbourg, ça s'est étendu à tout le centre-ville et ça dure un mois. Il y en a même à Paris…* »

Mais Jean-Pierre Stucki et son équipe ne sont pas seuls pour la lourde tâche des marchés de Noël. Ils sont «épaulés» par des journalistes venus de Paris, notamment Robert Werner, qui était à la tête de l'unité «patrimoine» : «*Il venait, malgré nous, faire des reportages sur les marchés de Noël, sur le Pfifferdaa* [jour des fifres, nda]. *Werner était un pion important du "13 heures".* »

Allez petite cigogne ponds ton œuf si tu veux passer au "13 heures" de J.P. PERNAUT!
TF1
Sinon tu vas passer à 3 heures du mat. à "Histoires Naturelles"!

Bref, pour Pernaut tout est bon dans la tradition, tout… Ou presque. Il est un sujet que Jean-Pierre Stucki n'a jamais réussi à lui vendre, c'est celui sur l'écomusée de Strasbourg : *«Je me suis dit : tiens, l'écomusée de Strasbourg, c'est un sujet parfait pour Pernaut, ça. Eh bien, il n'en a jamais voulu ! En y réfléchissant, je me suis dit que c'était cohérent. Il ne veut pas que les traditions restent enfermées dans un musée, il veut qu'elles soient vivantes.»*

Autre tradition alsacienne, les voitures brûlées dans la banlieue de Strasbourg chaque fin d'année. Et là, la belle histoire de Stucki avec TF1 commence à sentir le roussi. Un cas d'école que celui des voitures brûlées à Strasbourg, qui n'est pas sans relation d'ailleurs avec le phénomène des marchés de Noël. Depuis la fin des années 1980, pendant les vacances scolaires de Noël, quelques dizaines de voitures sont incendiées dans les banlieues de Strasbourg sans que les médias nationaux s'en émeuvent. Pourtant, en 1997, on assiste à ce que les sociologues Angelina Peralva et Éric Macé appellent un «*emballement médiatique*[1]», avec ce bilan désastreux de quatre-vingt-dix véhicules incendiés en une semaine. Explication d'Angelina Peralva et Éric Macé : «*Le phénomène aurait été amplifié par rapport aux années précédentes de par la publicité faite à ces incendies dans les termes d'un palmarès entre quartiers et d'un compte à rebours pour la nuit du réveillon.*»

1. *Médias et violences urbaines*, La Documentation française, 2002.

Les deux sociologues s'appuient sur une reconstitution des faits établie par *Libération* le 12 janvier 1998. «*De manière inattendue*», le correspondant de l'AFP à Strasbourg se met à pondre dépêche sur dépêche sur les incendies de voitures, dépêches qui partent toutes à la rédaction nationale de l'AFP à Paris qui les diffuse instantanément à toutes les rédactions. Qui s'alarment. D'autant que, soulignent les sociologues, «*aucun autre "événement" ne vient occuper l'agenda des grands médias*». Et la machine se met en branle. Le dimanche 28 décembre 1997, premier média national sur les lieux, le «13 heures» de TF1 envoie son correspondant sur place qui filme en pleine nuit des voitures en train de brûler, «*amorçant,* écrivent Peralva et Macé, *l'emballement médiatique : [...] les jeunes des quartiers se grisent d'incendies médiatisés et narguent les policiers et les jeunes des autres quartiers par médias interposés*». Pour les sociologues, l'affaire est entendue : «*C'est TF1 qui, par son traitement volontairement spectaculaire, a lancé un emballement médiatique aux effets incitateurs importants.*»

Plus tard, trop tard, les télés, rappelées à l'ordre par la préfecture, en font le constat : dans ce cas, c'est la médiatisation qui a créé l'information. Jean-Pierre Stucki, lui, n'était plus là. «*Depuis le début des années 1990, TF1 nous demandait d'aller filmer les voitures en train de brûler. J'ai fait des reportages sur le phénomène mais j'ai toujours refusé de filmer ou d'envoyer des images de voitures en flammes. J'ai même fait un débat au Club de la Presse de Strasbourg avec Catherine Trautmann sur les "journalistes pyromanes". En même temps, il y a vraiment des voitures incendiées dans la banlieue de Strasbourg, mais il y a d'abord une émulation entre banlieues à cause des médias.* » À Noël 1997, Jean-Pierre Stucki, qui a toujours refusé d'aller filmer les voitures incendiées, ne participe pas à l'emballement médiatique, il a déjà démissionné. «*Au nouvel an 1996, après mon départ, TF1 a fait les voitures brûlées.* »

5. Les affriolantes courbes de Jean-Pierre

«Le "13 heures", ce n'est plus ma place. Jean-Pierre Pernaut est parfait. Le journal est désormais découpé en fonction d'impératifs commerciaux. Dans une société qui vend des pâtes, je comprends très bien qu'on choisisse la longueur des pâtes en fonction des goûts du public. Mais moi, je ne veux pas devenir une lasagne ou un vermicelle.»

Yves Mourousi, *Globe Hebdo*, 23 juin 1993.

C'est du jamais-vu dans l'histoire de l'investigation journalistique : nous avons retrouvé le téléspectateur étalon du journal télévisé de 13 heures de TF1. D'abord, c'est une femme – qui a préféré garder l'anonymat. Elle habite à… voyons… mettons Andouille-Neuville, un minuscule village d'Ille-et-Vilaine, à un petit vol de mouette de Rennes. Andouille-Neuville ? Rien, sinon un maire ayant signé une pétition contre le Pacs et 504 habitants dont notre fameuse téléspectatrice. À… disons… 67 ans, elle est à la retraite et c'est à elle que, jour après jour, Jean-Pierre Pernaut s'adresse. Vous riez, mais c'est vrai, c'est en tout cas le portrait du téléspectateur-type de Pernaut que dessinent les courbes d'audience quotidiennes du « 13 heures »[1] : une femme (57 % de l'audience contre 43 % pour un homme), de 65 ans et plus (41,5 % de l'audience), inactive (58,8 % de l'audience), vivant dans une commune rurale (33,8 % de l'audience) de l'Ouest de la France (17,1 % de l'audience)[2].

C'est « Madame Fleur » et ses dahlias élevés *« sans arrosage ni engrais »*, visitée le 8 septembre 2005 par le « 13 heures ». C'est cette femme aux cheveux bleus Régécolor professant, à l'occasion d'une visite de son club du troisième âge chez un horticulteur nantais, que *« les bois, la nature, c'est ça qu'on devrait apprendre à tous »* (22/10/2003). Ce sont aussi toutes ces canoniques Bretonnes qui défilent sans

1. Tous les chiffres cités sont des chiffres Médiamétrie-Médiamat obtenus auprès des chaînes.
2. Ces chiffres concernent les téléspectateurs de 15 ans et plus, période du 30 août 2004 au 1er décembre 2005.

cesse chez Pernaut pour nous enseigner leur art préhistorique de la crêpe. Ces femmes-là, pas de la première jeunesse, souvent à la retraite, créchant toutes dans des communes rurales de l'Ouest de la France, sont le cœur de l'audience de Pernaut. Au total, ce sont plus de sept millions de personnes qui regardent chaque jour le « 13 heures » de TF1. Soit, à cet horaire, plus d'un téléspectateur sur deux. Recensement de la nation Pernaut.

L'audience, comment ça marche ?

En France, l'audience est un monopole, celui de Médiamétrie, une société privée qui a pris le relais de l'État qui, jusqu'en 1985, avait la haute main sur les sondages d'opinion et télévisés. Particularité de Médiamétrie : ce sont les chaînes de télé et les radios qui en sont les actionnaires.

Chaque matin, à 9 heures passées de quelques ongles rongés par le stress, le fax chauffe et délivre enfin à toutes les chaînes la courbe Médiamétrie. C'est l'encéphalogramme de la télé : en deux pages et sept colonnes (TF1, France 2, France 3, Canal+, France 5, Arte et M6) est détaillée la consommation de la télévision de la veille, quart d'heure par quart d'heure, de 3 heures du matin à 2 h 59 le lendemain. Pourquoi 3 heures ? Parce que c'est à cette heure-là, au creux de la nuit, que Médiamétrie relève les compteurs. En l'espèce, des Audimètres, genre de boîtiers de la taille d'un décodeur qui surveillent ce que regardent les téléspectateurs, qu'ils soient devant la télé ou qu'ils utilisent leur magnétoscope, lecteur DVD ou console de jeux.

Trois mille cent cinquante foyers français qualifiés de « représentatifs » en sont équipés, soit huit mille personnes. Cet Audimètre s'accompagne d'une télécommande un peu particulière : dès qu'il s'installe devant la télé, Papa doit appuyer sur la touche qui lui a été attribuée pour signaler sa présence à l'Audimètre. Quitte-t-il la pièce, ne serait-ce que le temps d'aller disons se laver les mains, qu'il doit appuyer de nouveau sur sa touche de la télécommande et indiquer que maintenant c'est pause-pipi. Chaque membre du foyer, dès 4 ans, a sa propre touche sur la télécommande. Et si on reçoit, direz-vous ? Eh bien, on entre dans l'Audimètre les caractéristiques des invités : âge, sexe… Selon Médiamétrie, le dispositif est fiable. En tout cas, c'est lui qui détermine toute l'économie de la télévision. Et ça pèse : chaque année, les annonceurs dépensent près de 7 milliards d'euros en écrans publicitaires à la télé. Dont le prix est déterminé par l'audience des émissions et la fameuse courbe Médiamétrie. Dire si, dans les chaînes, et surtout sur une télé commerciale comme TF1, qui tire plus de la moitié de ses revenus de la pub (le reste venant des produits dérivés), on est fébrile chaque matin à 9 heures…

Afin d'affiner le plus possible ses résultats, Médiamétrie découpe l'audience en cibles telles que les prisent les publicitaires. Au total, vingt-quatre critères différents : les individus de 4 ans et plus, puis ceux de 15 ans et plus (car entre 4 et 15 ans, on n'a pas encore de RMI à dilapider au supermarché), puis juste les femmes, puis juste les hommes, les catégories sociales supérieures (on dit « CSP+ »), l'habitat (quelle région mais aussi quel type de commune) et ainsi de suite, sans oublier la fameuse « ménagère de moins de 50 ans », celle qu'adulent les publicitaires, cette éponge à réclames, celle qui tient les cordons de la bourse du ménage et les rênes du Caddie, et aussi la « ménagère avec enfant », version affinée et encore plus lucrative de la ménagère de moins de 50 ans. Mais toutes ces données personnalisées sont gardées jalousement par Médiamétrie et les chaînes : secret de fabrication.

Autre secret défense, l'audience minute par minute. Un outil dont pourtant on use et abuse à la télé : facile de repérer le sujet qui ennuie le téléspectateur ou le chanteur qui fait fuir. Une société, Peaktime, a créé un logiciel qui permet de croiser les résultats d'audience avec les images diffusées. On y voit, par exemple, que dans l'émission « Le Plus Grand Cabaret du monde » de Patrick Sébastien (France 2), l'audience s'effondre systématiquement au moment, où, tout aussi systématiquement, l'animateur entonne à la fin du programme une de ses fameuses chansons. À croire que le public n'apprécie pas à sa juste valeur *Le Petit Bonhomme en mousse*… Ce logiciel, très utilisé sur

France Télévisions, n'a jamais été acheté par TF1, qui possède toutefois un outil similaire : Multiview.

À 13 heures, Pernaut, sinon rien

3 h 26. C'est le temps que passe chaque jour un Français moyen devant son poste de télé. Une consommation en constante augmentation chaque année, malgré l'arrivée d'Internet. Et c'est TF1 qui se taille la part du lion avec, en 2005, 32,3 % de part d'audience, soit 1 h 06 des 3 h 26 globales, un score exceptionnel qui place la Une en tête des audiences européennes. Loin, bien loin derrière, arrivent France 2 (19,8 %), France 3 (14,7 %), M6 (12,6 %), France 5 (6,9 %), Canal+ (3,6 %) et Arte (3,4 %). Les autres télés – c'est-à-dire celles du câble et du satellite – recueillent quant à elles 12,1 % de part d'audience.

Et notre cher Jean-Pierre Pernaut dans tout ça ? Comme tout le monde, il regarde sa courbe et il l'aime, sa courbe. Interrogé en 1994 par *Libération* sur son sentiment quant à un sondage – peu glorieux – sur la crédibilité des médias, il répondait : *« Le seul sondage qui compte, c'est l'audience. »* Devant ses interlocuteurs, il a son petit rituel, celui de brandir sa courbe afin de pointer l'excellence de ses résultats. Partie au ras des pâquerettes à 11 heures (environ 1,2 million de téléspectateurs), la courbe grimpe gentiment tout au long du jeu « Attention à la marche » (4 millions de téléspectateurs de moyenne mais ils sont beaucoup plus nombreux à la fin du jeu qu'au début) et passe d'un coup le grand braquet : Jean-Pierre Pernaut arrive et plus de sept millions de personnes sont au rendez-vous. Sitôt Pernaut disparu, quatre millions de téléspectateurs se font la malle, laissant les autres devant *Les Feux de l'amour*. La courbe ne dépassera le score de Pernaut qu'à 20 heures devant le JT de PPDA avant de s'envoler à son apogée au moment des programmes de prime time.

Au total, depuis 1992, sept millions de téléspectateurs de plus de 15 ans en moyenne regardent le JT de Jean-Pierre Pernaut, pour une part d'audience moyenne (c'est-à-dire le pourcentage du nombre de personnes présentes devant leur télé à cet horaire) de 55,4%. Ce dernier chiffre marque l'écrasante victoire de Pernaut sur sa concurrence. PPDA a un public plus nombreux mais une part d'audience moindre. C'est que s'il y a beaucoup plus de téléspectateurs devant leur poste à cet horaire, la concurrence y est aussi plus vive : JT de 20 heures de France 2, «Guignols» de Canal+, « Six minutes» de M6… À 13 heures, Pernaut est seul : sa rivale directe, Élise Lucet au «13 heures» de France 2, lui mordille à peine les orteils avec deux millions et demi de téléspectateurs, tandis que France 3, qui enchaîne un trognon de magazine régional avec «Télé la question» (un jeu dont le principe, daté au carbone 14, remonte minimum à l'âge de pierre de la télé), en réunit deux fois moins. Même quasidésert sur Canal+ (« Nous ne sommes pas des anges », magazine sociéto-sociétal de Maïtena Biraben) et sur M6 qui archirediffuse la sitcom américaine *Notre belle famille*.

La ménagère de Jean-Pierre

À disséquer la structure d'audience du JT de 13 heures de TF1, le constat est sans appel : il n'y a que des vieux de province devant leur petit écran. Exactement comme dans les sujets du JT ! Chez les personnes de plus de 15 ans, la tranche d'âge la plus représentée dans son JT a les tempes grises : 41,5 % des pernauphiles ont plus de 65 ans, 27,2 % ont entre 50 et 64 ans. Au-dessous de la cinquantaine, l'attraction pour Pernaut baisse dangereusement : 17,6 % seulement des téléspectateurs ont entre 35 et 49 ans tandis que les plus jeunes ne kiffent pas le « 13 heures » de TF1 : les 15-24 ans ne comptent que pour 4,6 % dans l'audience de Pernaut. Allons, comme quoi, il ne faut pas désespérer de la jeunesse de notre pays…

Quant au niveau de vie des téléspectateurs du « 13 heures » de TF1, on n'est pas chez Milord. Seulement 9,2 % sont assimilés aux « CSP+ », catégories socioprofessionnelles dites supérieures (artisans, commerçants, chefs d'entreprise, cadres et professions intellectuelles supérieures ainsi que les professions intermédiaires), ces « CSP+ » que recherchent les annonceurs. À titre de comparaison, le public du « 20 heures » de TF1 compte 15,4 % de « CSP+ ». Du coup, au « 13 heures », on compte beaucoup plus de « CSP- » (28 %) et, très logiquement vu l'âge des téléspectateurs, une immense majorité d'inactifs, en l'espèce des chômeurs et beaucoup de retraités (58,8 %).

Où vivent-ils, tous ces téléspectateurs accros de Pernaut ? En grande majorité à Andouille-Neuville, enfin dans des communes rurales (33,8 % du public). Amusant : la France compte un quart de sa population à la campagne et Pernaut un tiers ! Seconde zone d'habitation, les villes de moins de 100 000 habitants, suivies des villes petites et moyennes (entre 2 000 et 20 000 habitants : 19,6 %). Bonne dernière avec 9 % : l'agglomération parisienne, évidemment... Finalement, le téléspectateur de Pernaut est à l'exacte image de son JT : plutôt le village que la petite ville, plutôt la petite ville que la grande, plutôt, à tout prendre, la grande ville que Paris. À noter, les téléspectateurs de Pernaut n'ont, pour la grande majorité d'entre eux, pas accès à la télé payante et se contentent des six bonnes vieilles chaînes hertziennes. Anodin ? Non. Quand Pernaut, pour se défendre de ne faire que du franco-français, invite les téléspectateurs à suivre les élections américaines sur CNN, il oublie que son public n'y a pas accès. Il est, pour nombre de ses téléspectateurs, la seule source d'information.

Pas de déjeuner, pas de Pernaut ! Seuls 10,6 % de ses téléspectateurs sont franciliens. Les conditions de travail,

TF1
Moi, j'adore la France d'en bas !
2
3
M6
5
CANAL+
ARTE
32,3%
19,8%
14,7%
12,6%
6,9%
3,6%
3,4%

certainement, qui font qu'en Île-de-France on ne rentre pas chez soi regarder Pernaut – et accessoirement se sustenter. Alors que, selon l'Inpes, l'Institut national de Prévention et d'Éducation pour la Santé, 67,7 % des Français déjeunent à la maison. Pour dénicher l'amateur de Pernaut, à l'ouest toutes, chez notre amie d'Andouille-Neuville. La zone la plus représentée dans le public du « 13 heures » de TF1, c'est en effet l'Ouest (17,1 %), suivi de la Méditerranée (13,6 %). Comme par hasard, les sujets qui, dans le « 13 heures », ont pour cadre l'Ouest et la Méditerranée pullulent… Au total, les provinciaux – désolés, Jean-Pierre, on sait que tu préfères « régions », mais bon – constituent 89,4 % de l'audience du JT de 13 heures. Pas beaucoup plus finalement qu'au JT de 20 heures de TF1 (85,7 %).

S'il est une donnée dont Pernaut doit se féliciter, c'est la constance de son public. Il affiche un taux de fidélité de 68,1 % : c'est-à-dire que 68,1 % des téléspectateurs regardent entièrement le JT, depuis le « *mais tout de suite, les prévisions météo d'Évelyne Dhéliat* » jusqu'au « *Pendant ce temps-là, la Bourse* ». Une performance « *excellente* », selon Valérie Négrier et Ingrid Merle, respectivement directrice et directrice des études de l'agence médias Carat TV, qui ausculte les audiences de la télévision. Tout comme l'est la stabilité du journal de Pernaut au fil des ans : en 2005 (chiffres arrêtés à la mi-décembre), il réunissait plus de la moitié des téléspectateurs présents à 13 heures avec 56,3 % de parts d'audience sur les personnes de plus de 15 ans, plus encore qu'en 2004 (55,4%) ou 2003 (55,2%). Là où le «20 heures» de TF1, en semaine, s'érode[1]. Et si on regarde les audiences du «13 heures» depuis 1992, ce qui est frappant, observent Valérie Négrier et Ingrid Merle, «*c'est qu'elles sont très stables et très importantes, dignes d'un prime time*».

Pour résumer, Jean-Pierre Pernaut nous fait les scores de «Star Academy» tous les jours à 13 heures! Il est le champion toutes catégories de la mi-journée, et ce, au niveau européen, voire mondial puisque pas un de ses concurrents britannique, espagnol, italien et même américain ne lui arrive à la cheville. Quelle conséquence pour la pub, le nerf de la guerre de TF1? «*Le "13 heures" est une zone de puissance de TF1, un des rendez-vous phares de la chaîne qui présente un intérêt certain pour les annonceurs*», expliquent les expertes de Carat, en dépit du profil un peu âgé et «CSP-» des téléspectateurs: «*L'audience est tellement importante que pour un annonceur ça reste intéressant, car les autres cibles sont tout de même très bien représentées.*» Par exemple, la ménagère avec enfant qui est la cible chouchoute de TF1 représente 10,4% de l'audience du «13 heures», et la bonne vieille ménagère de moins de 50 ans, 15,5%, largement de quoi appâter le publicitaire.

1. En 2005, PPDA réunissait 39,1% des téléspectateurs de 15 ans et plus contre 40,4% en 2004.

D'ailleurs, notent Valérie Négrier et Ingrid Merle, dans les écrans qui entourent le « 13 heures » *« on ne retrouve pas des annonceurs qui ciblent spécifiquement les personnes âgées comme cela peut être le cas sur certaines chaînes à certaines tranches horaires »*. Pas de pub spécifiquement pour vieux autour du « 13 heures » de TF1, donc pas de réclames pour les assurances-vie, les baignoires à porte ou la colle pour dentiers, comme sur France 2 l'après-midi à l'heure des « Chiffres et des lettres ». Mais des produits alimentaires, hygiène et beauté, de l'automobile, de la banque... Et ce pour des tarifs allant de 31 700 à 33 000 euros[1] pour l'écran publicitaire avant le « 13 heures », et de 32 000 à 35 500 euros après. En comparaison, à 20 heures, les tarifs vont de 60 000 à 63 000 euros pour l'écran avant le JT, et de 78 000 à 95 000 euros après, pour un horaire beaucoup plus et mieux fréquenté par le téléspectateur. Cling, cling, une vraie cagnotte ce Pernaut.

1. Brut pour 30 secondes, semaine du 5 au 11 décembre 2005.

Troisième partie :

Politique du « 13 heures »

1. Les guerres de Pernaut

Qu'est-ce qu'on rigole avec Jean-Pierre Pernaut ! Qu'il est cocasse avec ses régions… Le voilà le Pernaut en sabots caricaturé par l'équipe de « Groland » sur Canal+, le Pernaut et son obsession des régions, celui qui possède sa propre actualité qu'on ne voit ni ne lit ni n'entend nulle part ailleurs. Qui transporte l'actualité dans nos campagnes pour la recouvrir d'un vernis d'authenticité à bon compte. Du folklore, du décorum bien inoffensif en apparence. Pernaut ? Bof, soupire-t-on, rien de bien grave. Pernaut, c'est Pernaut, laissons-le à ses manies. Pourtant, gare. Derrière le dernier savetier, dans les bas-fonds de Trifouillis-les-Oies, se cache Pernaut l'idéologue, celui qui a trois chevaux de bataille sortis inlassablement à chaque JT : l'administration, l'argent, les vieux.

La première coupable de tous les maux, le deuxième qui manque, les troisièmes, souvent victimes des abus de la première et de l'absence du deuxième, en figures tutélaires de la société rêvée de Jean-Pierre Pernaut.

« Ainsi en a décidé l'administration »

Souvent, à regarder tel ou tel sujet du JT de Pernaut, au bout d'un moment passé à écarquiller les yeux et à se gratter la tête, une conclusion s'impose : on n'y comprend rien. Mais alors rien de rien. Le 25 août 2005, Pernaut commence par : «*Et d'abord l'émotion de toute une commune de Haute-Garonne après une décision de la DDASS de fermer une maison de retraite. Les habitants ne comprennent pas mais cette maison de retraite ne correspondrait plus aux normes en vigueur.*» On notera l'emploi du conditionnel. Est-elle insalubre, cette maison de retraite ? On n'en sait rien. «*Pour la DDASS,* persifle le commentaire, *l'établissement n'est pas conforme.*» L'accusé est pointé du doigt, ça suffit. Le 22 octobre 2003, Pernaut nous apprend qu'une maison de retraite du Nord ferme et que c'est «*encore un gros problème*». Mais au vu du reportage, rien n'explique la fermeture. Les conditions d'hygiène y sont-elles pitoyables ? Le personnel pas qualifié ? Les locaux hors norme ? Rien, on ne nous en dit rien.

Le même jour, ce sont des propriétaires de mobile homes qui sont expulsés de leur terrain et toujours aucune explication.

Le terrain serait-il sujet aux incendies ? Aux inondations ? Pas équipé du tout-à-l'égout ou de l'électricité ? Rien n'est dit. Même jour encore : l'hôpital de Saint-Affrique (Aveyron) ferme et les habitants protestent. L'hôpital est-il vétuste ? Y aurait-il à deux pas un hôpital beaucoup plus moderne ? Y a-t-il trop peu d'habitants à Saint-Affrique pour y maintenir un hôpital ? Pas de réponse. Le 26 septembre 2003, un reportage nous emmène au Pla, un village ariégeois où l'on déplore la fermeture de la «*perception*» (aujourd'hui, Jean-Pierre, on dit Trésor public...). Certes, c'est sûrement un véritable scandale mais rien ni personne ne justifie la fermeture de la «*perception*» et l'émoi des 30 habitants du Pla (ceci – 30 habitants – expliquant en fait peut-être cela).

Comme jamais les journalistes de Pernaut n'interviewent d'officiels, de directeurs de maison de retraite, d'hôpitaux ou de préfets («*Jamais d'expert tu n'intervieweras*»), seule la parole des usagers, autant dire des victimes, est recueillie, et elle est souvent pour le moins impressionniste. Telle la pensionnaire sourde de cette maison de retraite de Wimille, dans le Pas-de-Calais, à qui le journaliste essaie de faire dire que le personnel «*Ils sont gentils*», ce qui est un argument en béton contre la fermeture de la maison de retraite... Pas d'explication ? En fait si. Une seule et à chaque fois la même proposée, ou plutôt imposée, au téléspectateur : l'administration.

« *On parle souvent dans ce journal des lourdeurs de l'administration et des paperasses qui empoisonnent la vie* », lançait Pernaut comme un aveu dans son JT du 5 mars 2002. La maison de retraite est fermée « *par décision administrative* », vous cloue le bec le journaliste, sans qu'aucun préfet ou représentant des Affaires sociales n'ait eu droit à la parole. Le terrain des mobile homes ? « *Une erreur administrative.* » Souvent, c'est Pernaut lui-même qui, au sortir du reportage, rend son jugement, levant les yeux au ciel du studio ou les baissant d'un air entendu. Le 24 août 2005, un radar automatique a verbalisé la mauvaise voiture et Pernaut identifie tout de suite le coupable : « *Voilà encore une histoire de fausses plaques et c'est vrai que l'administration devrait simplifier la vie des gens dans ces domaines.* » Au point que même les meilleurs d'entre nous se découragent, tel François Pinault qui va s'en aller faire son musée en Italie plutôt qu'en France (10/05/2005). « *Encore un beau projet qui part à l'étranger* », gronde Pernaut, à cause des « *lourdeurs administratives* ».

Ah, cette terrible et invisible administration qui, depuis Paris, dans quelque bureau poussiéreux d'une tour d'ivoire sans vue sur la vraie vie, édicte des règles absurdes ! Cette administration qui, n'ayant cure de la beauté du geste de l'homme gravissant chaque jour des centaines de marches, décrète que « *le phare d'Ouessant devient automatique* » et que partant, il ne sera plus habité (26/01/2004). Pourquoi ? Réponse de Pernaut : « *Tel en a décidé l'administration.* »

Cette administration rançonneuse qui, le 30 janvier suivant, veut imposer les commerçants pour l'espace public occupé par leurs enseignes. Et Pernaut de grincer, œil noir au travers des carreaux : «*Pour l'instant, les porteurs de lunettes ne sont pas taxés.*» Cette administration kafkaïenne qui vous oblige à des heures de queue et vous renvoie au bout de la file pour un formulaire oublié. Ainsi le 9 février 2004, à propos de la volonté raffarinienne de régler des formalités administratives par téléphone ou par Internet, Pernaut nous emmène-t-il à Tours où «*on est toujours au temps de la file d'attente*». Où l'on nous dit que «*tellement de générations ont rempli des formulaires qu'à force, ça semble normal*». Où l'on nous parle du troquet, en face de l'administration tourangelle, qui est pris d'assaut parce qu'il fait des photocopies. Mais il faut faire attention car l'administration, évidemment, «*ça ferme à 16 h 30*». Alors la volonté raffarinienne de mettre tout ça par ordinateur et par Internet y est saluée. Ce sera comme une revanche sur l'administration, conclut le commentaire : «*Il y a fort à parier que la souris finira par ronger le rond-de-cuir.*»

Les «*ronds-de-cuir*», ces paresseux de «*fonctionnaires*» – encore un terme à la mode chez Pernaut – qu'il n'hésite pas à assimiler à l'administration. Le 22 octobre 2003, il conclut de cette façon un sujet sur les primes aux fonctionnaires, une hérésie selon lui : «*À propos de fonctionnaires, on évoquait il y a quelques jours dans "Combien ça coûte?"*

Fonctionnaires
Impôts
Gaspillages
Europe

l'énorme gaspillage d'argent public provoqué par la double localisation de l'ÉNA. » De son aversion pour l'administration, Pernaut a carrément fait une émission à peu près mensuelle à 20 h 50 sur TF1, « Combien ça coûte ? ». Et chaque mois, pendant des années (il en est aujourd'hui à une version courte décalquée de « Capital » sur M6, après avoir vu son audience vaciller en la présentant avec la chiquissime Évelyne Thomas), il affichait à l'écran un infâme compteur : celui de « *l'argent public gaspillé* » en ronds-points donnant sur des culs-de-sac et autres médiathèques implantées au milieu de nulle part.

Mais, dans son « 13 heures », Pernaut ne s'en tient pas aux « *ronds-de-cuir* » français. Il y a aussi l'Europe, un régal de Grand Satan pour le présentateur : « *La jungle fiscale européenne* » (1er/10/2003), « *Les blocages européens assez incompréhensibles* » (19/01/2004)… L'Europe incapable de fixer un prix unique du tabac et lésant les buralistes français frontaliers qui vont se retrouver jetés à la rue. Frontière et Europe encore le 2 février suivant, alors que les commerçants allemands sont autorisés à faire des soldes « *quand bon leur semble* ». Commentaire de Pernaut : « *Et les commerçants français frontaliers apprécieront.* »

Notons au passage qu'en matière de haine de l'administration, Pernaut a un modèle au sein même de TF1 : Patrick Le Lay *himself*, PDG de la Une. Qui ne rate jamais une occasion d'envoyer une bordée à l'administration qui le harcèle et l'empêche de prospérer en paix, le Conseil supérieur de l'Audiovisuel (CSA). En août 2005, dans son fameux entretien à *Bretons Magazine*, il qualifiait même «*l'administration française*» de «*colbertiste*».

Jean-Pierre Pernaut, lui aussi, a ses têtes. Et mène de véritables guerres contre certaines décisions de cette fameuse administration. Une vieille habitude du JT de 13 heures de TF1. Dans *TF1, un pouvoir* [1], Pierre Péan et Christophe Nick relèvent qu'en 1992, Pernaut a fait campagne contre le permis à points, multipliant les reportages sur les méfaits de la réforme pour les routiers. Depuis quelques années, il mène sans relâche deux nouveaux combats : les radars automatiques et la hausse du prix des cigarettes. Ainsi, contre les radars, Pernaut n'omet-il jamais la moindre manifestation de motards. Le 25 novembre 2003, il évoque la question comme «*un beau sujet de polémique*» et s'attarde sur un tronçon de route à la «*signalisation incohérente*» avec, sur quarante mètres, «*plusieurs panneaux contradictoires*». Le 9 février suivant, Pernaut écoute d'une oreille attentive les doléances des motards qui, rapporte-t-il sans barguigner, «*qualifient carrément "de pompe à fric"*» les radars automatiques.

Le lendemain, il remet ça en relayant complaisamment la pétition de l'Automobile-Club de l'Ouest contre la

1. Fayard, 1997.

«*politique trop répressive et qui néglige la prévention*», conséquence de l'installation des radars automatiques. Encore un exemple de gabegie de l'administration, voire un véritable danger, comme le suggère Pernaut en sortie de sujet : «*Et si on passe son temps à regarder des panneaux placés n'importe où, on risque d'avoir des accidents.*» En mai 2005, Pernaut finit par reconnaître l'utilité des radars, peut-être légèrement influencé par Robert Namias, président du Conseil national de la Sécurité routière et accessoirement directeur de l'information de TF1. Le 10, il admet que les gens roulent moins vite et qu'il y a moins de morts sur les routes. Mais voilà qu'il se trouve un nouveau combat : «*Les réseaux secondaires délaissés*», comme cette «*départementale particulièrement "accidentogène"*» où l'administration n'a pas installé de radar.

Mais la grande affaire de Pernaut, fumeur lui-même, c'est l'augmentation du tabac. En quelques mois, Pernaut s'est fait le héraut des buralistes sinistrés par la hausse des cigarettes. Le JT de 13 heures couvre consciencieusement chaque manifestation, allant jusqu'à filmer l'arrivée à Paris des TGV affrétés par les buralistes en colère. Et chaque manifestation est l'occasion d'un éclairage : notre fameux Auguste de «*82 printemps*» et «*son petit plaisir de cigarettes entre copains*» qu'il ne peut plus se payer, la faute à la hausse. Ou, le 24 novembre 2003, ce bar-tabac de Roubaix (Nord), désert, et son patron pris à la gorge : «*Si l'augmentation est maintenue, on ira dans l'illégalité. Je prends le maquis.»* En pendant, un reportage au Perthus, côté espagnol, où les buralistes affichent une hausse de leurs ventes de 20 %. Et encore, laisse entendre le reportage, «*certains annoncent le double*». Conclusion de Pernaut à la fin du sujet : «*D'où la manifestation des buralistes à Paris.*»

Le lendemain, Pernaut y revient, avec un nouvel angle : les cambriolages de tabacs. Et ce patron qui témoigne : «*On va mettre des rideaux de fer partout avec ce qui nous attend.*» Le commentaire assène : le buraliste a «*peur pour sa sécurité et pour son commerce qui ne sera plus rentable*». Certes, lutter contre la hausse du tabac n'est peut-être pas très politiquement correct, alors Pernaut se fend parfois d'un reportage sur les moyens d'arrêter de fumer. Mais c'est pour mieux revenir à sa cause dès la fin du reportage : «*Si ça marche pour tout le monde,* indique Pernaut, faussement ingénu, *l'État perdra 11 millions de taxes perçues sur les cigarettes.*» En mai 2005, le 9, il trouve un nouvel argument. Alors qu'«*un tiers des fumeurs s'approvisionnent en dehors des bureaux de tabac*» (d'où vient la statistique ? Mystère), voilà que les buralistes «*appellent à voter "non" à la Constitution européenne*». À l'été 2005, Pernaut semble avoir abdiqué. Mais il parvient tout de même à en remettre une louche. Le 22 août, avec les buralistes frontaliers de Montigny-lès-Metz (Moselle) qui, pris à la gorge par l'administration, se livrent, pour compenser les baisses des ventes de tabac, à un étrange commerce. Ils achètent, afin de le recycler, de l'or au poids et plus particulièrement, gloups, les dents en or de leurs clients... Enfin, la dernière semaine d'août, Pernaut nous sert chaque jour en fin de JT une nostalgique série sur *« les contrebandiers d'autrefois »* qui, d'une frontière à l'autre, passaient en loucedé... du tabac !

« Toujours à propos d'argent »

C'est le second leitmotiv du « 13 heures » de Jean-Pierre Pernaut : l'argent, et plus exactement *« la consommation des ménages »*. Chaque mois, il annonce en grande pompe l'évolution de cet indice, conçu par l'Insee. Un chiffre qui intéresse qui, au fond ? Les économistes et le ministre des Finances. Mais Pernaut ne manque jamais de donner l'indice, en l'agrémentant à chaque fois d'un reportage illustrant la tendance. Parfois, les « experts » de Pernaut – commerçants, clients, des « vrais » gens – viennent contredire ceux de l'Insee, et c'est toujours à l'avantage des premiers qui, eux, vendent et achètent. Cette « consommation des ménages » qu'annonce Pernaut, c'est pour le téléspectateur-payeur l'occasion de prendre le pouls de son propre porte-monnaie.

Car Pernaut – vous l'avez remarqué en lisant ce livre – s'adresse directement à nous : *« Vous l'avez remarqué, le prix des tomates a augmenté »* ; ou : *« Vous l'avez remarqué, il y a de plus en plus de pains différents* » ; « *Nous l'avons tous constaté en faisant les courses, il y a de plus en plus de mini-doses* »... Sous-entendu : à chaque fois, vous, nous, on se ferait pas arnaquer des fois ? Les mini-doses, par exemple (25/11/2003), de fromage, de vin. Des dames témoignent : « *On n'a pas de regrets si c'est pas bon.* » Selon le directeur du supermarché, ce sont « *les gens [qui] ne veulent pas gâcher* ». À d'autres, laisse entendre Pernaut : mini-dose mais maxi-prix. De la même façon, le 27 janvier 2004, « *consommation encore avec,* précise Pernaut, *l'organisation des rayons parfois bizarre dans les supermarchés* ». Ça sentirait pas l'arnaque, ça ? Les bouteilles d'eau tout au fond du magasin pour qu'on passe dans tous les rayons avant de les atteindre. « *Finalement,* conclut Pernaut, *tout cela était finement pensé.* »

L'argent, chez Pernaut, ce sont souvent les voitures, qui coûtent cher à entretenir ou trop cher en France. L'occasion d'une nouvelle harangue, le 28 janvier 2004 : il n'y a « *pas de baisse des tarifs d'assurance malgré la baisse des accidents* ». Le lendemain, 29 janvier, Pernaut y revient : « *Les assurances, c'est comme les cigarettes, on veut aller voir ailleurs si c'est moins cher.* »

Arnaques, produits trop chers, clients lésés : Jean-Pierre Pernaut délivre une vision anxiogène de l'argent et de la consommation. Exemple du 26 août 2003 sur l'augmentation du prix du pain. Commentaire du journaliste : « *Difficile de se retrouver aujourd'hui dans le prix du pain. Jusqu'en*

1978, le prix de la baguette augmentait deux fois par an, une fois l'hiver, une fois l'été. À chaque fois, c'était 10 centimes de francs en plus, soit 1,5 centime d'euros aujourd'hui, mais depuis 1978 les prix sont libres. » Tout de même, en vingt-cinq ans, le client aura peut-être eu le temps de se faire au libre prix du pain… Mais non, pas chez Pernaut : «*Je découvre ça, et je suis ahuri*, témoigne un client. *Mais bon, faut bien.* » Dans son reportage, le journaliste de Pernaut trouve tout de même un boulanger qui n'a pas augmenté. Du coup, le saint homme se voit même qualifié d'«*artisan*» alors que les autres commerçants, ceux qui ont augmenté le prix de la baguette, sont de simples boulangers : « *Chez cet artisan, par exemple, la baguette est stable depuis plusieurs mois à 72 centimes.* » Las, ça ne pouvait pas durer, et l'artisan capitule : « *On n'a pas encore augmenté le prix du pain mais ça va se faire d'ici une quinzaine de jours. De toute façon toutes les boulangeries vont le faire mais c'est pour justifier le prix des matières premières et des employés.* » Car chez Pernaut, tout augmente, le pain mais aussi le reste, comme l'évoque une boulangère sur la défensive : «*Il fallait le faire parce que tout augmente, l'EDF, le gaz, la farine, la matière première, et comme ça coûte très cher à faire, donc il fallait augmenter.* » L'augmentation des prix, chez Pernaut, est une fatalité pesant sur les consommateurs condamnés à payer et à accepter chaque hausse sans moufter…

Et puis il y a les impôts, un des grands dadas de Jean-Pierre Pernaut dont il fait là aussi grand cas dans son émission « Combien ça coûte ? ». Le 5 septembre 2005, elle est à peine dans les boîtes aux lettres que Pernaut en fait un sujet au « 13 heures » : «*Avis de taxe foncièèèèèère*», dit-il avec aux lèvres le petit sourire de l'inéluctable cochon de payeur, et bien sûr «*la note continue d'augmenter*». Car ce qui dérange Pernaut, ce sont les impôts qui augmentent et viennent se rajouter à d'autres hausses, comme le dit une femme interrogée dans le sujet sur la taxe foncière : «*C'est de plus en plus, ça augmente et comme il n'y a pas que ça qui augmente, c'est dur, c'est de plus en plus dur.* »

Et puis, ce qui horripile Pernaut, ce sont les impôts mal utilisés. Pour faire un festival de musique techno, par exemple (25/08/2005). Un Technival qui a «*bouleversé*» la vie des 500 habitants de Crucey Village (Eure-et-Loir) craignant des «*avortements*» chez les brebis porteuses à cause des décibels. Quant au maire, il s'inquiète de ce que ça va coûter : «*Qui va payer ? C'est l'État, c'est nos impôts !* »

Et pendant ce temps-là, les prix montent, montent... Le 26 août 2003, alors que les vacances se poursuivent pour les nantis, les autres – téléspectateurs du JT de Jean-Pierre Pernaut – se coltinent une nouvelle hausse des prix : «*Pendant que certains se baignent encore,* annonce Pernaut, *on prépare aussi la rentrée scolaire, vous savez que les fournitures scolaires augmentent de 2,5 % en moyenne cette année.* » Le 1er septembre 2004, «*un grand jour pour les consommateurs*», claironne le présentateur : «*Depuis ce matin, les grandes surfaces devaient afficher une baisse des prix de 2 % en moyenne […]. Comme chacun d'entre vous, eh bien on a voulu vérifier. Petit test avec les mêmes produits achetés avant et après.* » Bien sûr, c'est une nouvelle arnaque et, dans son reportage, le journaliste gronde : «*La baisse des prix annoncée par Bercy s'est transformée en opération de marketing en pleine période de rentrée des classes.* » Et pour les rares baisses constatées, c'est encore râpé, ainsi que témoigne une femme : « *Tôt ou tard, les prix vont remonter, de toute façon, notre pouvoir d'achat n'augmentera pas.* » En février 2004, le prix du diesel, longtemps épargné, augmente, comme le reste. Un homme, désabusé, soupire : « *On va revenir aussi cher que le reste… C'est comme ça… On fait avec…* » L'impitoyable fatum de la hausse des prix…

L'été et l'automne 2005 seront pour Pernaut l'occasion de suivre au jour le jour l'augmentation du prix de l'essence. Le 29 août, Pernaut s'emporte contre le projet du gouvernement «*de limiter la vitesse à 115 km/h*» plutôt que de «*rembourser les gens*» des taxes gouvernementales qui augmentent parallèlement au pétrole. S'ensuit un sujet où des automobilistes râlent face à cette perspective, conclu ainsi par le journaliste : «*Pourquoi payer pour une route sur laquelle on roulerait beaucoup moins vite ?* » Parce qu'en fait on paye, sur les autoroutes, le droit de rouler vite ? Ah d'accord… Mais cette histoire de «*rembourser les gens*» titille Pernaut. Voilà que, ce même jour, il nous fait découvrir son paradis : «*La Belgique rembourse les citoyens à cause des taxes trop perçues sur les carburants.* » C'est pas beau ça? Surtout, ainsi que le souligne une femme, «*pour les plus vieux, avec leur petite pension*».

Le 5 septembre, Pernaut ne lâche toujours pas l'affaire, il a même un scoop : le litre de super vient d'atteindre 1,50 euro. «*Dix francs*», précise-t-il pour bien enfoncer le clou, et on sent bien qu'il se retient de ne pas convertir en anciens francs. Et chaque jour il y revient, *via* notamment une flopée de reportages sur les marins pêcheurs qui, eux aussi, «*appellent à l'aide. La hausse vertigineuse du gazole pourrait menacer toute la filière pêche*». Le 6 septembre, rebelote, pour plaindre une «*pompiste indépendante*» étranglée non seulement par le prix du pétrole mais aussi par la grande surface voisine. Elle n'a plus que les artisans du village et quelques «*fidèles*» qui viennent prendre leur essence chez elle. Heureusement, Super Jean-Pierre a la solution : le carburant au colza. Serait-il devenu écolo sur le tard? Non, c'est bon pour les gens de la ville ça, seulement ce carburant «*c'est des paysans locaux qui font ça*». Vision de rêve pour Pernaut : de l'essence pas chère produite par des paysans…

« De beaux visages de vieux »

Ils sont encore plus présents dans le « 13 heures » de Jean-Pierre Pernaut que les régions, l'argent et l'administration : les vieux! Pas un reportage sans un vieux. Quand le vieux n'est pas le sujet – maisons de retraite, canicule, problèmes de santé divers et variés –, le vieux témoigne. Sur la pluie, sur la neige, les inondations, la tempête, le vieux a un avis. Question vieux, Pernaut est un spécialiste : chaque année, il rend compte avec application de la « Semaine bleue », une manifestation organisée fin octobre sous le haut patronage du ministère des Affaires sociales et destinée à sensibiliser les Français à la cause des vieux. Se penche ainsi sur « *les loisirs des plus anciens* » à Clisson (Loire-Atlantique), qui consistent à visiter les vignobles nantais.

Chez Pernaut, c'est le royaume du vieux : fait-il l'objet d'une exposition de photos à Saint-Paul-de-Vence (Alpes-Maritimes) qu'un sujet lui est consacré. Dépasse-t-il les 100 ans (pardon, « *printemps* ») qu'il a droit à un reportage pour lui tout seul. Et ce, dès le deuxième JT de Pernaut, le 23 février 1988, où l'on fête les 113 ans d'une grand-mère. Le 6 avril 2005, c'est « *Mémé Marie* » qui a 111 ans. Ou, le 24 novembre 2003, cette autre Marie, doyenne du département, 106 « *printemps* » au compteur. Part-il à la retraite que le vieux vaut également un sujet : Jeanne, 83 ans, baisse définitivement le rideau de son épicerie du petit village d'Angliers (Vienne), « *elle a eu bien des malheurs dans sa vie, il y a trois ans elle a été attaquée par des voyous* ». Forcément, ça mérite le déplacement.

Mieux que le départ à la retraite, le vieux qui s'y refuse (chez Pernaut, on dit : « *Ceux qui continuent passionnément leur métier*») et là, début février 2004, Pernaut dégaine carrément une série d'une semaine de reportages sur ce dossier brûlant : Hermine, 82 ans, parfumeuse à Cannes (Alpes-Maritimes) et qui refuse la retraite (« *C'est comme quelqu'un qui boit, qui ne peut plus s'arrêter* »), ou Émile, 91 ans, qui tient un magasin d'arts de la table à Angers (Maine-et-Loire). Et dans cette échoppe, tout est à l'image d'Émile : « *Ici point d'informatique.* » La raison, c'est Émile qui la donne : « *Y a des maladies maintenant qui viennent par ordinateur.* » Faut se méfier.

Car, quand il n'est pas l'objet d'une admiration béate, le vieux est une victime pour laquelle il convient de se battre. Comme ces époux Coquin dont le drame a ému le présentateur au point de dépêcher chez eux une équipe de journalistes le 24 novembre 2003. Pensez donc, les époux Coquin sont expulsés car leur maison menace de s'effondrer. La faute à l'entrepreneur « *malveillant* » qui n'a pas mis de ciment entre les pierres. C'est-y pas malheureux… En 2005, on plaint Madeleine Biewers, retraitée, et son mari qui se prennent le choc pétrolier de plein fouet, et se demandent comment ils vont remplir leur cuve de fioul. Et Madeleine d'appeler l'entreprise tous les jours… Avant de se décider à remplir sa cuve : « *Oui, fallait la remplir, vous avez vu le temps qu'il a fait la semaine dernière.* » Précision : nous sommes le 29 août. Petite consolation pour la prévoyante Madeleine, conclut le journaliste : « *Ce matin le fioul a encore augmenté de 4 centimes d'euros.* »

Le 23 août 2005, le « 13 heures » de TF1 fait ce terrible constat : il n'y a plus de commerçants à Saint-Divy, dans le Finistère, résultat, *« les gens, et surtout les personnes âgées, doivent se débrouiller »*. Et voilà les vieux obligés de se mettre au jardinage pour s'approvisionner en fruits et légumes, comme en temps de guerre.

Mais faudrait pas croire pour autant que le vieux se plaint. Car le vieux, s'il est victime, n'en est pas moins exemplaire. Non seulement il a la lourde tâche de transmettre la tradition – notamment les recettes de cuisine *« de nos grands-mères » :* soupe, crêpes, cassoulet, riz au lait, far breton… – mais il doit aussi tenir le rôle de héros du JT de 13 heures, celui qui donne l'exemple en dispensant la bonne parole ou en enseignant les bonnes manières. Acheter le calendrier des pompiers, comme cette vieille dame apparue le 25 novembre 2003 dans un sujet sur les étrennes : *« J'ai été chercher mon petit billet parce que les pompiers méritent vraiment oh là là, hein, cet été, vous n'avez pas chômé. »* Trier ses déchets, *« une question d'éducation »*, témoigne une vieille femme pincée. Ou courir le 100 mètres, comme ce Pierre de 85 ans qui fait les championnats du monde des vétérans (25/08/2005).

Les rares sujets culturels du « 13 heures » de TF1 sont aussi de la culture de vieux : Frank Michael, idole des maisons de retraite, Michel Galabru, Laurent Gerra, la dernière revue d'Holiday on Ice. Autant de vedettes qui ont rarement l'honneur d'un JT. Comme fin août 2004, Rika Zaraï en tournée. Encore une fois, il est question de transmission : «*À côté des jeunes, qui découvrent la chanteuse, il y a les aînés qui la connaissent bien.*»

2. L'idéologie du « 13 heures »

*«Ainsi, le "13 heures" de TF1 est-il devenu ce JT RPR-FNSEA, crypto-pétainiste, ombilic des champs à destination prioritaire des ruraux goûtant la soupe dans le reflet d'un récepteur posé sur la cheminée comme un chromo d'*Angélus *de Millet, comme une horloge battant un autre temps – fiction de paix, ersatz de veillée d'antan, rêve de nation îlienne protégée des massacres algériens ou de la guerre civile cambodgienne par l'océan tiédasse du verbe de Jean-Pierre Pernaut.»*

Pierre Marcelle, *Contre la télé*, Verdier, 1998.

Ces petits métiers qui disparaissent, ces impôts qui nous étouffent tant et plus, ces épidémies qui nous guettent, tous ces colorants chimiques dans les steaks hachés, le prix de la baguette qu'est devenu fou, ma pauv' dame et que plus ça va, moins ça va. Quand, à la mi-journée, sur les autres chaînes ou à 20 heures sur TF1, on nous donne – à peu près – à voir les nouvelles du monde, quel est donc ce lamento que nous brame chaque jour à 13 heures Jean-Pierre Pernaut ? De Pernaut, on a tout dit : à droite toute, nationaliste, réac', raciste, facho, populiste, pétainiste, poujadiste surtout. Mais avant tout, Pernaut est le présentateur d'un journal télévisé d'une chaîne commerciale. Objectif : la satisfaction des actionnaires et de la Bourse de Paris. La seule idéologie autorisée est donc celle d'une audience la plus forte possible et d'investissements publicitaires sonnants et trébuchants. Pourtant, hormis la douloureuse période où le « 20 heures » de TF1 roulait avec le succès qu'on sait pour Édouard Balladur, le « 13 heures » de Pernaut est le seul JT engagé de toute la télé, le seul à délivrer une vision du monde, une idéologie. Décryptage.

Pernaut, l'apolitique (de droite)

Pernaut et la politique, ça fait deux. L'info politique est quasiment absente du « 13 heures », de même que les interviews d'hommes politiques, pré carré du « 20 heures ». À quelques exceptions près : à droite, Pernaut a interrogé par deux fois (et à deux mois d'écart !) Jean-Pierre Raffarin, alors Premier ministre, en duplex depuis Matignon. D'abord pour dévoiler « *cinquante projets pour moderniser les transports dans les régions»*, puis pour évoquer *«l'avenir des pensions de réversion*[1] ». De bien beaux sujets – et ciblés avec quel art... ! – pour le journal de Jean-Pierre Pernaut... Dans le même genre proche des «vrais gens» et de la France d'en bas, tout en bas, mais à gauche, Pernaut a également interviewé la socialiste Ségolène Royal.

«Pernaut se sent apolitique, raconte Michèle Cotta, *mais c'est comme ces listes d'intérêt général qui se présentent aux élections dans les petits villages, il est de droite.»* Preuve du positionnement politique de Pernaut, rigole Cotta : *«Moi, il me prenait pour une dangereuse marxiste avec un couteau entre les dents!»* C'est dire... À force de se voir brocardé par l'infâme triangle de la presse parisienne *Libé-Télérama-Le Monde*, *«par provoc',* estime Pierre Wiehn, *Pernaut est devenu réac' puisqu'il ne pourra jamais être le fils de Sollers».*

Mais à TF1, Pernaut ne dépare pas. Ainsi que l'écrivent Pierre Péan et Christophe Nick dans *TF1, un pouvoir*, la Une aborde en 1990 *«un virage éditorial majeur»* en se basant sur un rapport de la Cofremca, une officine chargée de flairer l'air du temps. Au cours d'un séminaire, Étienne Mougeotte, directeur des programmes, en extrait la substantifique moelle : *«Mougeotte nous a alors fait une analyse,*

1. Le 23 novembre 2004, Raffarin devra tout de même patienter un peu avant d'aborder ce sujet brûlant. Il fallait d'abord consulter la météo puis laisser passer plusieurs sujets (dans l'ordre, l'ouverture à Libourne du secrétariat du Père Noël, une sombre histoire de pollution et la grogne des routiers).

raconte l'un des participants à Péan et Nick, *démontrant que le pays basculait à droite et a donc décrété qu'il fallait soutenir la droite. Cela montrait un flair terrible.* »

Selon l'étude de la Cofremca telle que la rapportent Péan et Nick, « *la chaîne doit adapter l'ensemble de ses programmes à cette évolution. Il faut désormais s'appuyer sur des valeurs d'ordre et familiales. Les besoins sécuritaires sont mis en avant : la déstructuration du monde et de la société fait peur, il faut apporter des solutions rassurantes [...]. L'authenticité en matière d'information est décrite comme la valeur cardinale ; c'est la terre qui l'incarne, la province des fermes, des collines et des clochers, la France profonde rurale, éternelle, opposée au monde malsain des banlieues et des grandes villes [...]. La proximité doit primer sur le reste.* » Du pain bénit pour Pernaut. Avec ce corollaire, décrit par Pierre Wiehn : la « *tentation et le risque maréchaliste de la terre qui ne ment pas ne sont jamais loin* ».

Les universitaires Pierre Lerouc et Philippe Teillet ont analysé le contenu idéologique du « 13 heures » de TF1[1]. Ils y voient un « *regard sur le passé, l'attachement au terroir, la peur de l'ouverture et du changement, que l'on peut associer à coup sûr à une certaine forme de "conservatisme" au sens propre du terme* ». Un JT que les universitaires analysent « *comme un lieu d'expression, relativement pasteurisé et scénarisé, d'un*

1. *La Politique de l'apolitique*, revue *Mots*, décembre 2001.

certain nombre de tensions sociales : hégémonie de la modernité urbaine, difficultés du monde rural, homogénéisation des pratiques et consommations culturelles, européanisation et mondialisation». Certes, Pernaut dans ses JT délivre sa vision du monde, mais cette idéologie aboutit-elle à une véritable action politique ? «*Si des forces récemment apparues (Chasse, pêche, nature et traditions, les "Souverainistes") semblaient avoir vocation à exprimer sur la scène politique la sensibilité que flatte quotidiennement ce journal, celui-ci, du fait des exigences médiatiques et commerciales auxquelles il doit répondre, est dans l'incapacité de susciter un véritable mouvement politique.* »

Ainsi, malgré sa puissance de frappe, la balladuriste TF1 n'a pas réussi, en 1995, à faire élire son champion. Pour Lerouc et Teillet, Pernaut et son « 13 heures » «*ne plaident à aucun moment pour une mobilisation sous quelque forme que ce soit*». Pétri d'idéologie, le « 13 heures » de TF1, certes, mais pas plus dangereux que ça, estiment les deux universitaires : «*Le registre de déploration souvent utilisé tend à mettre en scène l'affrontement forcément inégal du pot de fer (étatique, national ou supranational, technocratique, etc.) contre le pot de terre (local, individuel, etc.) et les jeux sont, pour ainsi dire, faits. Les enjeux ne se situant plus que dans une conservation nostalgique – que le journal encourage tout en y participant – des témoignages du passé.* » Un album de photos jaunies que feuillette chaque jour Pernaut, mi-amer, mi-attendri ? À voir.

Pernaut-Poujade, continuons le combat

«À l'époque où TF1 faisait 40 % de parts d'audience, j'ai eu un jour une formule un peu outrancière, rigole François Jost, théoricien de l'image et professeur à la Sorbonne nouvelle-Paris III. *Il y a en France 40 % de gens à droite et il se trouve que c'est la part de marché de TF1.»* Manquent 15 % pour arriver à 55 %, la part d'audience du «13 heures» de TF1 : où Pernaut les trouve-t-il ? Pour Jost, l'affaire est entendue : *«On se moque souvent gentiment du "13 heures" de TF1 en disant que c'est un journal de village, le JT des régions. Je ne suis pas du tout d'accord avec ça : le "13 heures", c'est une vision du monde, et, en l'occurrence, c'est une vision du monde extrêmement poujadiste. Le téléspectateur est un contribuable, un consommateur assis au café du commerce, celui de Poujade. C'est le poujadisme au sens strict. Pernaut part du café ou il y arrive. Ce n'est même pas le consommateur du café, c'est le cafetier qui parle. Quand on évoque la crue d'un fleuve, c'est le cafetier qu'on interroge pour savoir quels sont les effets sur son commerce. Tous les sujets reprennent les thèmes du poujadisme. C'est tout le positionnement éditorial de TF1 qui est résumé dans le "13 heures" : le petit contre le grand, le faible contre le fort.»*

Poujadiste, Pernaut ? C'est tentant. Rappelons que Pierre Poujade s'est lancé en politique en exploitant un des thèmes préférés du «13 heures» de TF1 : l'oppression fiscale. En 1953, Poujade prend la tête d'une fronde de commerçants de Saint-Céré qui s'opposent aux contrôles fiscaux diligentés par ce qu'ils appellent alors «*la gestapo fiscale*». Entre Pernaut et Poujade, le parallèle est facile : le même Français moyen loin des élites, le même provincial loin de Paris, le même grand arpenteur de la France, l'un par le biais de son JT, l'autre par ses innombrables réunions politiques, la même défense du petit commerce étouffé par les taxes (par exemple les buralistes dans le cas de Pernaut)...

François Jost va plus loin : «*Souvent, dans le "13 heures" de TF1, les témoins disent "ils" – ce côté impersonnel du "ils" : "ils" font rien. Ce sont des forces impersonnelles, une espèce d'entité floue, qui s'en prennent aux petits. Or des linguistes ont montré que ces marques impersonnelles sont caractéristiques des discours de Le Pen quand il s'en prend à ceux qui nous gouvernent.*» On verra plus loin comment s'établit un net parallèle entre le discours de Le Pen après le premier tour de la présidentielle de 2002, s'adressant à «*vous, les petits, les sans-grade*», et la façon dont le «13 heures» a surjoué le thème de l'insécurité pendant toute la campagne.

«*C'est peut-être excessif,* relativise Jost, *de rapprocher directement le "13 heures" de TF1 de Le Pen. Mais Pernaut touche le marché de la droite. La "France d'en bas", c'est aussi son succès. La vision de TF1 se retrouve dans le discours politique, lui-même relayé par le JT de 13 heures. C'est flagrant dans le cas de Raffarin, dont le discours et le vocabulaire étaient très proches de ceux de Pernaut.*» Jean-Pierre Pernaut inventeur de

Raffarin ? «*La télé ne véhicule pas toute l'idéologie,* tempère Jost, *elle rassure les gens dans leur vision du monde. Mais on trouve dans le discours politique des éléments du discours de Pernaut. L'idéologie du JT part de trois constats : 1) Le réel est visible. 2) Dans le réel, le plus réel, c'est le quotidien. 3) Le témoignage est le plus réel du quotidien. Et l'on voit régulièrement des hommes politiques qui subissent cette influence de la télé en utilisant les mêmes arguments : ceux de l'anecdote, plus que de la pensée abstraite. La connivence est très forte entre le discours politique et le discours de la télé et Pernaut en prend sa part.*»

Pour Jost, c'est TF1 tout entière qui est en cause : «*Avec le "13 heures", TF1 développe l'idée que la société civile ne peut rien faire aux problèmes du monde et que seule la télé peut y répondre. C'est une idée qui vient des reality shows des années 1990. La force de TF1 serait de se substituer aux pouvoirs publics, à la politique. La solution serait dans la télévision : ne sortez pas, ne répondez pas à la porte, regardez la télévision. Les JT sur TF1 sont le carrefour de toute la chaîne. Le "13 heures" pose des questions et le reste de la programmation y répond. Un sujet sur l'argent ? "Combien ça coûte ?" y répond. Une arnaque dans le "13 heures" et "Sans aucun doute", de Julien Courbet, y répond.*»

Exemple concret, le 21 octobre 2005, quand Pernaut évoque ce délicat et aimable propriétaire louant à prix d'or – et à des pauvres – des garages comme des lieux d'habitation. Le 23 décembre 2005, dans «Sans aucun doute», Courbet enfile son collant de super-héros redresseur de torts pour s'attaquer à – et résoudre – ce même «*scandale révélé par notre ami Jean-Pierre Pernaut au journal de 13 heures*». L'inverse est également possible : fin décembre 2005, le « 13 heures » a retrouvé un gagnant d'« À prendre ou à laisser », ce jeu débile de TF1 où l'enjeu est d'ouvrir des boîtes contenant un pansement (pleurs) ou 500000 euros (joie). Qu'allait-il faire au « 13 heures », ce brave homme ? Eh bien conter sa brave histoire : il a investi son gain dans le projet d'un autre candidat – malheureux celui-là – d'« À prendre ou à laisser », et ensemble les deux compères ont monté une petite entreprise de recyclage de déchets. Et tout ça, grâce à TF1, c'est-y pas émouvant une si belle logique d'entreprise ?

Jost fait la différence entre la première partie du « 13 heures », consacrée à l'actualité, et la seconde, consacrée aux magazines. «*La dernière partie, c'est la vision du monde de l'univers de province mais c'est la première partie, c'est-à-dire la vision de l'actualité, qui est la plus intéressante. C'est là qu'il y a une vraie vision idéologique. C'est la partie la plus poujadiste : c'est d'autant plus pernicieux qu'elle n'est pas ressentie comme telle par le téléspectateur, et c'est en cela qu'elle est idéologique. Prenons l'exemple de la disparition de la vignette. Ç'aurait pu être une bonne nouvelle pour le "13 heures" de TF1 où l'on déplore la paperasse et les impôts. Mais la disparition de la vignette a été montrée sous l'angle de l'angoisse des buralistes privés d'une ressource.* »

On l'a trouvé avec un stock de cassettes Pernautgraphiques, chef !
Embarquez-le !
Police
Y'a de ces tarés !
J.P. Pernaut Présente Paysans de France VHS
Métiers d'autrefois VHS
Les plus beaux villages de France
Balade dans nos régions VHS
Les Costumes régionaux de France
Patrimoine et traditions d'autrefois
Cuisine et recettes de nos grands mères VHS

Michèle Cotta l'a constaté au fil des années : « *Toutes les peurs françaises sont dans le JT de Pernaut.* » François Jost confirme : « *Le "13 heures" est anxiogène en soi, dans le rapprochement des nouvelles, dans l'accumulation, à la fin on ne se sent pas en sécurité. Je pense que le JT de 13 heures de TF1 est dangereux parce qu'il conforte certaines personnes dans leurs idées, dans leur droit de penser telle ou telle chose. Il y a quinze ans, les électeurs de Le Pen avaient honte de leur vote, aujourd'hui ils ne s'en cachent plus, ils se sentent autorisés. Il n'y a pas besoin que le "13 heures" de TF1 devienne un mouvement politique, il encourage déjà le comportement de ses téléspectateurs.* »

Jost, enfin, cite Godard : « *Le documentaire parle des autres, la fiction parle de moi. Mais le "13 heures" n'est pas une fiction, c'est une façon de dire la vie et le monde. Si c'était une fiction, ce ne serait pas dangereux.* »

Xénophobe, le Pernaut ?

Plusieurs journalistes de TF1 le racontent : « *Il est arrivé à Pernaut d'enlever au montage le Noir interviewé dans un micro-trottoir.* » Un ancien se souvient de la colère de Pernaut quand il a eu le malheur, lors des Jeux Olympiques de Sydney, en 2000, de citer dans un sujet les champions étrangers – gagnants – en premier, avant les athlètes français – perdants. « *Ça a été terrible, il était fou de rage parce qu'il voulait qu'on parle des Français en premier. Alors après, j'ai mis de* La Marseillaise *et des drapeaux tricolores partout dans les sujets, et j'ai toujours parlé des Français en premier.* »

Mais ce temps semble aujourd'hui révolu, l'époque où, se souvient un ancien cadre de TF1, « *Le Lay disait : "Pas de bronzés dans les fictions"* ». Aujourd'hui, TF1 fait gaffe et a mis à l'antenne quelques acteurs et présentateurs noirs, et ce, peu ou prou, depuis que la victoire de la France lors de la Coupe du monde de football 1998 – la France Black Blanc Beur – est passée par là. D'ailleurs, un journaliste se souvient que le lendemain de la demi-finale de cette Coupe du monde, un long sujet a été consacré à Lilian Thuram, auteur de deux buts : « *C'était la première fois qu'on voyait un Noir dix minutes à l'antenne dans le "13 heures" de TF1 !* »

Pernaut a juste un peu de retard à l'allumage, mais on voit aujourd'hui dans son « 13 heures » des femmes voilées parmi les parents d'élèves se plaignant de la fermeture d'une école. Il n'empêche, chez Pernaut c'est toujours le Français d'abord.

Pour Jean-Pierre Stucki, Pernaut véhicule avant tout une « *idéologie populaire, un bon sens anti-intellectuels, il cherche surtout à faire plaisir à son auditoire populaire. Il ne s'opposera jamais à l'opinion. Si les gens le disent, il faut les écouter* ». Aujourd'hui, au même titre qu'il fête la Saint-Nicolas ou la Sainte-Catherine, Pernaut n'oublie pas la fête de l'Aïd. Le 22 février 2005, il rendait visite à la famille Ouali (*a priori, no relation to* le chorégraphe de « Star Academy ») et, en fin de sujet, souhaitait une «*bonne fête de l'Aïd à tous les musulmans*». Pour Christian Dauriac, le «13 heures» est «*avant tout un piège à audience. Ensuite, c'est un outil idéologique mais ça ne vient qu'en second. TF1 renonce tout de suite à l'idéologie si ça menace l'audience*». Michèle Cotta renchérit : «*Il est à l'écoute, il suit les Français, et si les Français râlent, il râle.*»

Pierre Wiehn voit dans Pernaut le parfait reflet de la société française : «*À la fin des années 1970, les Français sont entrés dans une crise identitaire : la faiblesse de l'État, l'européanisation. Ça continue aujourd'hui. Chirac promet de baisser la TVA sur la restauration et un Batave inconnu dit : c'est non.*» En réaction, sans cesse, Pernaut évoque la frontière pour parler des buralistes menacés par la hausse du tabac mais surtout par le buraliste de l'autre côté de la douane, celui qui vend le tabac à pas cher. Ou pour regretter qu'il n'y en ait plus : «*C'était du temps où il y avait des frontières*», soupire-t-il souvent.

Pernaut cultive cette espèce de terreau commun, s'accroche éperdument à une culture imaginaire ou morte depuis des lustres. C'est «*Le temps d'avant*» vanté par le poète provençal Frédéric Mistral, ainsi que le relève le chercheur Nicolas Kaciaf [1]. Ce dernier a repéré dans *Mythes et mythologies politiques*, de Raoul Girardet[2], une belle

1. *Le Journal télévisé de Jean-Pierre Pernaut, un imaginaire conservateur*, maîtrise de sciences politiques, Université Paris I, Panthéon-Sorbonne, 1999.
2. Le Seuil, 1986.

définition de ce « temps d'avant » qui colle si bien au « 13 heures » de TF1 : « *Le "temps d'avant", c'est ici, d'abord, le domaine, la barrière des collines qui en ferme l'horizon, la sécurité trapue des murs et des toits, l'autorité patriarcale du Père étendue sur tout un morceau de terre. C'est aussi la pérennité d'un rythme de vie confondu avec la succession des travaux et des saisons, les labours, les semailles, les moissons. Et c'est encore l'intimité protectrice d'un groupe social clos, solidaire, strictement hiérarchisé [...]. En bref – chacun de ces thèmes devant être retenu dans toute la densité de sa charge symbolique –, l'image même d'un ordre, d'un type de civilisation.* » Du Pernaut pur jus. Reste une interrogation, que formule Jean-Pierre Stucki, fin connaisseur de l'animal : « *Est-ce qu'il ne va pas un jour se lancer dans la politique ?* »

La dérive du « 13 heures » de TF1

« *En 1987,* souligne Christian Dauriac, créateur du réseau de correspondants de la PQR, *on ne pouvait pas se douter que le "13 heures" serait si France profonde.* » Comment passe-t-on d'un journal qui se veut réactif, vivant, anti-institutionnel, faisant la part belle aux reportages, au JT folklorique et « troisième âge » d'aujourd'hui ? Selon Dauriac, « *c'est un mouvement qui s'est fait progressivement. Le journal de 13 heures tel qu'on le connaît aujourd'hui est apparu en 1989-1990, pas avant, je suis formel* ». Comment ? « *La partie mag' s'est faite en marchant : les correspondants voyaient bien que les sujets France profonde, hors actu, Pernaut prenait. Et puis, tout sujet supplémentaire c'était une grosse part de salaire en plus pour eux. Traditionnellement, à la fin des JT, on mettait de la culture et traditionnellement, la courbe d'audience baissait. Dès qu'on s'est aperçu qu'en substituant les sujets culture populaire aux sujets culture tout court la courbe remontait, c'était fini.* »

Peu à peu, la partie magazine gonfle, déborde jusqu'à atteindre aujourd'hui environ une quinzaine de minutes, jusqu'à devenir à la fois la marque de fabrique et la caricature du « 13 heures » de Jean-Pierre Pernaut.

« *La force de Pernaut, ça a été de comprendre comment il pouvait utiliser le réseau PQR* », estime Michèle Cotta. Non seulement Pernaut comprend la force du réseau mais il l'influence : « *Le réseau a été créé avant le "13 heures" de Pernaut,* insiste Christian Dauriac. *Mais son "13 heures" a façonné les contenus éditoriaux des agences, tout simplement parce que c'est leur premier client.* » Client, le mot est lancé. Entre TF1 et les agences, qui sont aujourd'hui dix-neuf et dont le vivier de journalistes s'est beaucoup renouvelé en dix-sept ans, c'est un rapport commercial qui s'instaure, et plus de rédacteur en chef à journaliste.

Un ancien de TF1 raconte : « *Ce qui est important, dans le système Pernaut, ce sont ces boîtes de prod' locales en collaboration avec la PQR. Ils fournissent des sujets sur tout et n'importe quoi sans discuter. La vision de la France de Pernaut repose sur ces correspondants. Ce sont ses potes. Chez Pernaut, on entend plus ou moins le discours : "Mes petits gars sont capables d'abattre trois fois plus de boulot que vos paresseux de journalistes parisiens !"* » La proximité entre Jean-Pierre Pernaut et les correspondants est appréciée par ces derniers, mais elle se double d'une mainmise sur le journal par son présentateur : « *La dérive,* martèle Dauriac, *c'est qu'un présentateur ne doit pas être rédacteur en chef de son journal. Un journal, c'est typiquement une œuvre collective.* » Or à TF1, chaque présentateur est le maître absolu de son JT, donnant au canard la touche personnelle de son homme ou femme-tronc : si Pernaut, la semaine, a ses vieux et sa consommation des ménages, Claire Chazal, le week-end, ne saurait faire un JT sans tutu, sans consacrer au moins une page au dernier ballet qui vient de se monter.

Ainsi le « 13 heures » de Jean-Pierre Pernaut, c'est typiquement l'œuvre de Jean-Pierre Pernaut. Même s'il a deux rédacteurs en chef, Anne de Coudenhove et Fabrice Decat, c'est Pernaut le véritable responsable de son JT, quand, sur France 2, par exemple, ce sont les rédacteurs en chef des journaux qui les dirigent et – malgré quelques tentatives – pas les présentateurs. Au fur et à mesure que le pouvoir de Pernaut a augmenté (il est aujourd'hui, tout comme PPDA et Claire Chazal, directeur-adjoint de l'information), son JT s'est mis à lui ressembler de plus, en plus, au point que, tel Flaubert de sa Madame Bovary, il pourrait dire : « Mon JT, c'est moi. »

« La dérive du "13 heures" s'est accentuée quand Michèle Cotta est partie, en 1992, souligne Christian Dauriac. *Avant, elle tenait Pernaut, après, avec Gérard Carreyrou puis Robert Namias comme directeurs de l'info, il n'y a plus eu de garde-fou. »*

Cette dérive, Jean-Pierre Stucki, correspondant à Strasbourg, l'a vécue de l'intérieur. Jusqu'en 1995, les relations avec TF1 sont bonnes. Il n'a, par exemple, pas le souvenir qu'on lui ait demandé de sujet directement orienté politiquement. Sauf, précise-t-il, en période électorale, quand TF1 s'aperçoit que les temps de parole accordés aux politiques sont déséquilibrés et que le CSA risque de froncer les sourcils. *« Il est arrivé qu'on me dise : "Propose-nous un sujet sur Trautmann parce qu'on est en déficit, mais pas un sujet trop politique, pas trop centré sur la campagne." Du coup, j'ai fait un sujet sur les sans-abri. »*

Pourtant, ici et là, les petites alertes commencent à se multiplier : *« Un matin,* se souvient Stucki, *le "13 heures" appelle en disant : "*Le Parisien *vient de publier les chiffres de la délinquance, trouvez-nous un commerçant cambriolé et un policier qui confirme." J'ai refusé. »* La preuve que l'on peut dire non à TF1. Seulement, dans la relation commerciale entre la Une et les bureaux en région, un refus équivaut à un sujet payé de moins. Stucki n'en a cure : *« Quand j'ai refusé de faire les commerçants cambriolés, c'est une autre région qui l'a fait. On peut résister, on peut toujours dire qu'on est occupé à autre chose. »*

Mais de petites résistances en refus, les choses se gâtent vraiment en 1995, et l'histoire Stucki-TF1 tourne à l'aigre. «*Petit à petit, avant la présidentielle de 1995, on a senti une réorientation, un glissement de la ligne rédactionnelle vers des sujets sécurité,* explique Jean-Pierre Stucki. *Il fallait être anti-fonction publique, parler de l'argent public gaspillé, des fonctionnaires qui ne fichent rien pendant que les gens qui travaillent sont écrasés de charges et de démarches...* » Tout ça pour remplir la partie «actu à la Pernaut» du JT de 13 heures.

Ainsi, raconte Stucki, il ne faut pas louper le rapport de la Cour des comptes, «*ça, il adore*». Sur le plan régional, le correspondant de TF1 en Alsace doit aussi satisfaire les obsessions de Pernaut comme le travail clandestin : «*On a fait beaucoup de sujets sur les clandestins de l'Est débarquant en France. Pas sur les salauds de patrons qui les embauchent, non, sur les clandestins. On a suivi des inspections du travail, de la police de l'air et des frontières...* » Conséquence politique de ce matraquage : la création de la déclaration à l'embauche pour les patrons. «*Et résultat,* rigole (jaune) Stucki, *un sujet chez Pernaut sur un petit patron écrasé par les démarches mises en place avec la déclaration à l'embauche...* »

Autre déclic, en 1995 toujours, la grande grève du mois de décembre. Un casse-tête pour Pernaut dont le traitement des mouvements sociaux consiste traditionnellement à accueillir les récriminations du pauvre usager contre ces salauds de grévistes. Problème, raconte Stucki, «*en 1995, au début, il a matraqué contre les grévistes mais il s'est aperçu que son public était favorable au mouvement, donc il a changé son fusil d'épaule»*. Et hop, une commande pour le bureau de Strasbourg : «*En Alsace,* explique Stucki, *les mouvements sociaux partent plus tard qu'ailleurs mais durent plus longtemps. Au début, on n'a rien fait, puis il nous a demandé des sujets : des images poignantes de grévistes, de cheminots autour des braseros…* »

On est en 1996, et l'histoire n'est plus belle du tout pour Stucki. C'est la rupture. Pour des raisons personnelles : «*Je gagnais bien ma vie, 20 000 francs [3 100 euros], c'est un salaire confortable, c'est plus qu'un grand reporter à France 3. Mais c'était très fatigant, j'étais responsable du bureau régional, avec huit personnes sous mes ordres et deux antennes à gérer…* » Mais surtout pour des raisons professionnelles et déontologiques : «*Namias* [directeur de l'information de TF1 depuis 1996, nda] *m'a convoqué. Je lui ai dit que je ne me sentais plus à l'aise dans cette vision politique, partiale et orientée de l'information.* »

On ferme le ban. Aujourd'hui, Jean-Pierre Stucki est documentariste et enseignant au CUEJ, l'école de journalisme de Strasbourg.

Et il regarde derrière lui sans rancœur mais sans regret non plus : « *Sur le terrain, la popularité du "13 heures" m'a toujours épaté. On est accueilli à bras ouverts partout et même par des gens dont on ne s'y attendait pas, de gauche, etc. C'est tout simplement un journal de gens qui rentrent chez eux à midi, comme c'est très souvent le cas en régions.»* Le secret de la longévité de Pernaut? Stucki est formel : *«À cause de la qualité de ses études d'audience. C'est une cérémonie, son journal. Un rendez-vous quotidien pour parler de ce qui "nous" préoccupe. Si ce qui nous préoccupe c'est un événement international, Pernaut le fera. Si c'est la grippe ou la météo, il n'a aucun état d'âme à en parler. Il se voit comme un facteur de cohésion nationale en parlant de la météo, de la grippe. Il se voit comme quelqu'un qui rassemble le pays.»* Mégalo ou cynique? *«Je ne pensais pas qu'il était cynique, mais quand je l'ai vu poser dans la presse* people, *je me suis demandé… Quand je pense que la première fois qu'il est apparu dans cette presse, il était fou de rage… Il avait appelé tous les correspondants en province pour savoir s'il y avait des affiches dans les kiosques… »*

Toutefois, Stucki se refuse à diaboliser Jean-Pierre Pernaut : *«Au début, quand il était bien* drivé *par Cotta, ça marchait bien. Il répondait à l'attente d'un public qu'il ne faut pas mépriser»*, estime-t-il. Et puis, peu à peu, à l'image des relations entre TF1 et son ex-correspondant en Alsace, ça s'est gâté, et Pernaut prenant de plus en plus le pouvoir, son «13 heures» est devenu la caricature en sabots que l'on sait. *«Pernaut a vérifié des hypothèses faites par le service des études de TF1. C'est le service des études de TF1 qui a choisi Pernaut, c'est le service des études de TF1 qui a fait le contenu du journal. Qu'ils fassent des études, c'est normal. Ce qui l'est moins, c'est de faire pression avec. Mougeotte dit que la télé, c'est mi-marketing, mi-doigt mouillé. Le problème, c'est que le doigt mouillé indique toujours le même sens* », martèle Stucki.

La parfaite adéquation entre les aspirations de Jean-Pierre Pernaut et ce que les téléspectateurs veulent voir, selon le service des études de TF1, a donné ce monstre qu'est le « 13 heures » aujourd'hui. Mais, pour Stucki, le responsable, c'est avant tout TF1 : « *C'est l'ensemble de la chaîne et du groupe qui pose problème. Aujourd'hui, TF1 n'a plus rien à voir avec ce qu'ils ont promis lors de la privatisation* [1]. *C'est une forme de trahison.* »

TF1 l'idéologue

« *Ce n'est pas une télévision que j'achète, c'est un instrument de pouvoir.* » Ainsi parlait Francis Bouygues, alias le Minorange, du nom de l'ordre qu'il a fondé au sein même de son entreprise. Au-delà du goût de Jean-Pierre Pernaut pour la Picardie, la maouche ardéchoise et les mimosas niçois, le JT de 13 heures est une brique dans l'édifice TF1, chaîne commerciale au service d'un groupe de BTP. Toujours proche du pouvoir – « *La première chaîne est par définition du côté du pouvoir* », martelait dans *TF1, un pouvoir* un certain Nicolas Sarkozy –, TF1 affiche un organigramme on ne peut plus

1. Les auditions de l'équipe Bouygues par la CNCL (l'ancêtre du CSA) lors de la privatisation de TF1 sont disponibles en intégralité sur le site Web de l'ARP, Société civile des Auteurs-Réalisateurs-Producteurs : http://www.larp.fr

poreux. Martin Bouygues est le meilleur ami de Nicolas Sarkozy. La femme du directeur de l'information Robert Namias, Anne Barrère, est la conseillère en communication de Bernadette Chirac. Et TF1, chaque début d'année, relaye les bonnes œuvres de la femme du président, « l'opération pièce jaunes », *via* – entre autres – des sujets dans les JT. Namias lui-même préside à ses heures perdues le très officiel Conseil national de la Sécurité routière. Claire Chazal passe toutes ses vacances dans la résidence corse de Renaud Donnedieu de Vabres, ministre de la Culture et de la Communication. PPDA – de même que François Bachy, chef du service politique – est à tu et à toi avec Claude Chirac, fille de. Et c'est sans compter les fils à papa qui pullulent à TF1 : dernier en date, Guillaume Debré, fils de Jean-Louis, est l'un des correspondants de la chaîne à Washington. Allez donc, après ça, demander aux journalistes de TF1 de porter la plume dans la plaie…

Et gare à ceux qui ont le malheur de se montrer insolents. Pour avoir, début novembre 2005, à la fin d'une interview de Nicolas Sarkozy, rappelé ses qualités de « *ministre de l'Intérieur et candidat à la présidentielle de 2007* », Laurence Ferrari s'est vue publiquement (sur Europe 1) qualifier de « *maladroite* » par Robert Namias, directeur de l'information.

À TF1, on est passé d'une rédaction remuante et anti-privatisation en 1987 à une rédaction muette et terrorisée aujourd'hui. Une ancienne témoigne : « *Il y a une terreur sourde dans cette rédaction, les dirigeants ont parfaitement réussi à mettre les journalistes sous le boisseau.* » C'est une rédaction atypique, sans aucun contre-pouvoir à opposer à Robert Namias, Étienne Mougeotte ou Patrick Le Lay. Peu de temps après la privatisation, ce dernier a annoncé la couleur devant des journalistes : « *Vous avez une carte de presse ? Les putes aussi avaient une carte !* » Chic, so chic... Aujourd'hui, alors que la grande majorité des rédactions a une Société des rédacteurs (SDR) chargée de pointer les dérapages et de s'interroger sur les pratiques du métier, il n'y en a pas à TF1. Ou plus exactement, il n'y en a plus. Ou plus précisément, il y a bien une Société des rédacteurs à TF1 mais ce n'est plus qu'une coquille vide.

L'affaire date de fin 1996, quand la Société des rédacteurs de TF1 s'indigne d'un show caritatif pour les enfants victimes de la guerre en Yougoslavie. L'émission est présentée par Julien Courbet et mêle allègrement info – reportages conçus par la rédaction – et spectacle – émotion et larmes. Suite à la parution d'un article dans *Libération* relatant leur colère, les journalistes sont convoqués par Patrick Le Lay (Étienne Mougeotte et le DRH sont également présents). Selon un témoin, Le Lay « *pète les plombs* » et hurle : « *Je vous paye grassement à ne rien foutre !* » Sous la volée de bois vert, pas un journaliste ne bronche ni ne quitte la pièce. À la suite de cet épisode, la Société des rédacteurs n'existera plus, mais sa disparition ne sera jamais proclamée. La SDR ne sera jamais officiellement dissoute mais elle est aujourd'hui en état de mort cérébrale. À présent, les rares fois où la rédaction se réunit, ce n'est pas à TF1, de peur des représailles, mais dans un café proche. Anecdote : à l'infirmerie de TF1, on trouve des anxiolytiques.

Et puis, il y a Marcel Caron. Marcel Caron est le secrétaire général de la section CFTC de TF1. La CFTC, c'est le syndicat maison, ultramajoritaire, où pointent les stars de la chaîne parmi lesquelles Claire Chazal et Jean-Pierre Pernaut. Ce dernier y est encarté depuis des lustres. Il représente même le personnel de TF1 (sur une liste CFTC-FO-CGC) au conseil d'administration de la chaîne et ce, depuis le lendemain de son premier JT, le 23 février 1988 ! « *Au sein du conseil d'administration,* écrivait-il dans sa profession de foi pour les élections au conseil d'administration du 16 mars 2004, *nous sommes depuis seize ans des actionnaires écoutés et entendus. Au fil des années, l'expérience acquise et la concertation permanente ont permis des avancées sociales considérables. Elles ont également contribué à la construction d'un des Groupes audiovisuels les plus solides et les plus respectés du monde.* »

À TF1, tout passe par la CFTC et Marcel Caron. Un jeune journaliste qui fut en période d'essai à TF1 raconte : « *À TF1, on progresse de manière fulgurante si on est à la CFTC. J'ai été approché par Marcel Caron, qui m'a dit : "On peut mettre ton nom sur la liste des gens à embaucher." La carte*

CFTC est obligatoire, par exemple, pour accéder au service des JRI (journalistes reporters d'image). » Caron « *se mêle de tout, surtout de ce qui ne le regarde pas* », souligne une journaliste. Quand, fin 2004, *Libération* publie un article sur la baisse d'audience du JT de 20 heures en semaine, la seule réaction officielle de TF1 sera… un tract de la CFTC signé Marcel Caron, dénonçant l'article…

C'est en 1992, quand TF1 emménage dans son nouveau siège, que la mise au pas de la rédaction est finalisée. Cette année-là, la Une quitte les vieux bureaux de la rue Cognacq-Jay pour un immeuble flambant neuf à Boulogne, au 1, quai du Point-du-Jour. L'immeuble de verre a ceci de particulier que c'est alors l'un des tout premiers « *intelligence buildings* » français. Avec la même carte magnétique, on entre dans le parking, on règle son déjeuner au restaurant d'entreprise, on accède à telle ou telle pièce. Pratique. Pratique aussi pour le patron qui sait tout de ses salariés : à quelle heure ils arrivent, s'ils prennent leur café sucré ou pas, combien de temps ils ont passé à travailler dans une cabine de montage. Quant à la crainte, partagée par beaucoup de journalistes, que leurs conversations téléphoniques soient écoutées, si c'est techniquement possible, il est difficile de savoir si cela tient du fantasme ou de la réalité. Toujours est-il que les journalistes de TF1 qui témoignent dans ce livre le font anonymement et que, pour les joindre, il faut employer des ruses de Sioux : pas d'appel sur les lignes directes à TF1, méfiance sur l'utilisation du téléphone portable Bouygues fourni par la chaîne, utilisation de pseudonymes…

Pour plusieurs journalistes, l'arrivée de Robert Namias en 1996 à la direction de l'information marque encore un changement de ton, plus dur. «*Namias a mis en place sa réforme,* raconte l'un d'entre eux. *Plus de service mais des unités plus généralistes où chacun devait être capable de traiter n'importe quel sujet. Peu à peu, les vis ont été resserrées. Un planning individuel informatisé a été mis en place. Les plages de tournage et de montage de chaque journaliste étaient entrées dans l'ordinateur et les chefs pouvaient y avoir accès à tout moment. Ce n'est pas révoltant qu'un outil de gestion soit mis en place, ce qui l'est, c'est que nos phases d'enquête et de préparation n'étaient pas prises en compte par la machine. Du coup, en dehors des périodes de tournage et de montage, on était censés être disponibles et corvéables à merci.*» La direction de TF1 intervient-elle sur l'information? Oui, évidemment. Un journaliste qui a quitté la Une se souvient, «*exaspéré*», du mot d'ordre d'Étienne Mougeotte, le directeur des programmes : «*Faites positif.*»

Pourtant, la rédaction de TF1 compte nombre de bons journalistes, malgré plusieurs hémorragies au fil des années : au moment de la privatisation, au moment du départ de Michèle Cotta, au moment de l'arrivée sur France 2 de Jean-Luc Mano, qui a débauché plusieurs journalistes qui font aujourd'hui partie de la hiérarchie de la rédaction de la

Deux. Pour museler ses journalistes, TF1 dispose d'un moyen de pression d'une efficacité redoutable : l'argent. Un journaliste, à TF1, est bien payé, très bien payé. Salaire moyen brut : 5 292 euros mensuels. Quand un journaliste de France 2, avec dix ans d'ancienneté, gagne 3 100 euros brut. Et notre Jean-Pierre ? Il refuse de le dire, ce grand pudique. Mais il gagnerait autour de 50 000 euros par mois. C'est beaucoup, trouvez-vous ? Selon *L'Express*, Patrick Le Lay, lui, est, hors jetons de présence, à 192 000 euros par mois. Le silence est d'or.

3. Présidentielle 2002 : le JT de l'angoisse

«*Ce que je fais,* a un jour déclaré Pernaut, selon Jean-Pierre Stucki, *c'est la meilleure façon de lutter contre le Front national.*» Mais Le Pen aurait-il atterri au deuxième tour de la présidentielle de 2002 sans Pernaut ? Une semaine avant le dimanche 21 avril, dans *Libération*, Denis Muzet, directeur de l'Observatoire du Débat public, délivrait les conclusions d'une étude intitulée : «*Insécurité : l'image et le réel.*» Un travail basé sur une médiascopie – c'est-à-dire le visionnage de journaux télévisés par un échantillon de personnes auxquelles on demande de réagir à ce qu'elles voient – et sur une série d'entretiens individuels. Alors que, depuis des mois, télés et journaux s'en donnent à cœur joie sur le thème de l'insécurité, le constat de Denis Muzet est formel : « *Si le vote Le Pen est à 10 ou à 13 %, ce ne sera qu'un effet induit de ce sentiment d'être entouré de dangers.* » Ce sentiment est essentiellement diffusé par les JT de TF1, affirme Muzet, avec le risque « *d'accentuer les peurs à travers des connexions fausses par un mécanisme d'amalgame, de renforcer l'alarmisme, de donner une impression quasi paranoïaque d'être entouré de dangers* ».

Le dimanche 21 avril 2002, Le Pen recueille 16,86 % des votes et passe le premier tour de la présidentielle. La faute aux médias ? Selon l'Institut Média Intelligence, qui a inventé la mesure du « bruit médiatique », un machin destiné à savoir ce dont parlent télés, radios et journaux, l'insécurité a été entre mars 2001 et avril 2002 le thème le plus médiatisé, dix fois plus que le chômage.

La télé n'a pas inventé l'insécurité. Le thème, cher aux Pasqua et autres Chevènement, a été remis à la mode en juin 1997 par Lionel Jospin. Alors qu'il avait fait de l'emploi, l'éducation et la santé les trois chevaux de bataille de sa campagne pour les législatives, son discours d'orientation de Premier ministre a pour priorités l'emploi et la sécurité. Mais c'est Jacques Chirac qui met le feu aux poudres le 14 juillet 2001, parlant de jeunes filles violées, de gens agressés, de tolérance zéro, prêchant quinze minutes durant sur le thème de l'insécurité à laquelle « *un très grand nombre de Français dans les quartiers difficiles, dans les villes en général et maintenant à la campagne sont confrontés* ».

Un 11 septembre plus tard, les médias lui emboîtent le pas. Déjà en août, les affichettes de pub pour l'édition du 2 août du *Monde* creusent le sillon chiraquien. Trois mots, seulement : « *Le Monde*. Délinquance. Alerte ! » Et l'éditorial du journal d'enfoncer le clou : « *On doit constater que l'insécurité des citoyens s'accroît et que les craintes, dont beaucoup d'entre eux se font l'écho, sont en grande partie justifiées.* » Le 11 septembre 2001 vient renforcer l'élan sécuritaire, de même que, en France, le meurtre, en octobre 2001, de deux policiers. À partir de janvier 2002 et le début de la campagne présidentielle, les candidats – de droite comme de gauche – n'ont que « violence » et « insécurité » à la bouche.

Et la télé de s'engouffrer dans la brèche. Daniel Bilalian, sur France 2 à 13 heures, se fait remarquer, évoquant soixante-trois fois le thème de l'insécurité en mars 2002. Et Pernaut ? Quarante et une fois seulement... Mais il faut voir Pernaut et le JT de 13 heures de TF1 à l'œuvre sur toute la période précédant le fameux 21 avril 2002.

Le 1er février, Jean-Pierre Pernaut présente « *un rapport très alarmant sur l'insécurité dans les HLM* ». Halls délabrés, escaliers souillés. Une jeune femme témoigne devant une porte défoncée, réparée puis redéfoncée : « *Ils reviennent toujours, ça ne sert à rien.* » Qui sont « *ils* » ? Le journaliste ne le dira pas. C'est un « *ils* » inquiétant, une horde mystérieuse qui casse et détruit : « ils », simplement. Tout de suite, Pernaut enchaîne : « *Toujours à propos de la délinquance.* » Mais pour parler du Cannet (Alpes-Maritimes) où la délinquance est en baisse. Et pourquoi ? Parce que, explique Pernaut, « *on a multiplié là-bas les patrouilles de policiers* ». Une vieille femme le confirme au journaliste qui l'interroge : « *Vous voyez souvent la présence policière ?*

– Oui.

– Et ça vous rassure…

– Oui. »

Fin de la séquence « insécurité » ou presque, puisque Pernaut enquille avec « *une nouvelle alerte sérieuse d'attentat aux États-Unis* ». Avec cet effet, analysé par Denis Muzet dans *Libération*, « *le téléspectateur va faire une sorte de raccourci entre des faits qui ne relèvent pas d'une même logique* ». Muzet estime qu'il faut « *mettre en relation les images des pleurs des familles de pompiers new-yorkais ensevelis sous les tours avec celles des pleurs en France des familles de policiers tués. Ce sont des faits de nature différente qui, par un phénomène d'écho dans la caisse de résonance médiatique, se renforcent et contribuent à maintenir l'idée que l'insécurité est aux portes de nos villes, de la même façon qu'elle est à l'autre bout du monde* ».

Le petit travail d'insécurité du « 13 heures » se poursuit à l'identique pendant les quatre premiers mois de 2002. Le 18 février, grève des bus à Strasbourg parce que « *les personnels n'en peuvent plus* » d'être la « *cible des voyous* ». Et immédiatement après, une autre grève des transports, à Marseille cette fois : «*Les conducteurs protestent contre les actes de vandalisme qui ont visé leur voiture personnelle sur le parking de l'entreprise.*» Ce n'est pas encore assez? Alors allons à Rambouillet, qui doit accueillir 300 demandeurs d'asile, et «*ce chiffre effraie considérablement les habitants de la commune*».

Le lendemain, Pernaut rend à Chirac ce qui lui appartient. Le candidat à sa propre succession présente son plan contre l'insécurité à Garges-lès-Gonesse (Val-d'Oise). Du plan, Pernaut ne nous dira rien mais il retient les mots de Chirac : «*Aujourd'hui, plus personne en France n'est à l'abri. Plus personne ne se sent à l'abri. À la violence d'appropriation, qui ne cesse de s'étendre, s'ajoute une violence d'agression, sans bornes, dont le but est de terroriser, de blesser, d'humilier, de détruire. Le sentiment d'insécurité qui se propage finit par imprimer sa marque à toute la vie en société. Et, bientôt, c'est la crainte de l'autre qui en vient à chasser le besoin de l'autre.*»

En guise d'acquiescement, Pernaut dégaine un sondage Ipsos : eh bien, l'insécurité, «*pour 46 % des gens, c'est une priorité*». Comme si ça ne suffisait pas, le 19 février toujours, Pernaut remet une louche de grève des traminots de Strasbourg et Marseille et poursuit avec «*un constat alarmant : le développement d'une nouvelle forme de cambriolage*». C'est, après le *car-jacking*, technique de vol très télégénique, le *home-jacking*, qui consiste, paraît-il, à s'introduire chez d'honnêtes citoyens pour leur dérober leur clé de voiture.

VOTEZ PERNAUT
TF1
LA FRANCE
TRANQUILLE

À l'appui, deux petits vieux transis de peur. Et Pépé de se lamenter : «*J'ai même pas eu le temps de relever l'immatriculation…* » Pas grave, Pépé, c'est ta voiture qu'ils ont fauchée.

Accalmie le 20 février ? Presque, sinon le stress des habitants de la Somme qui craignent les inondations. Puis Pernaut applique à la lettre le raccourci décrit par Muzet : «*Autre inquiétude, celle de tous ceux qui luttent contre les sectes*», en présentant le rapport annuel sur les sectes. Mais il finit par revenir à sa chère insécurité : «*En France, la violence toujours dans l'actualité avec la multiplication des zones de non-droit.*» Conclusion de Pernaut, qui tente de se défausser : «*L'insécurité, c'est déjà, vous le savez, l'un des grands thèmes de la campagne présidentielle.*»

Le 21 février, Pernaut remet ça avec «*la délinquance et l'insécurité toujours à la une de l'actualité en France, un peu partout, les chiffres de la délinquance, vous le savez, sont alarmants et les habitants des petites villes en ont ras le bol*». Ça y est, comme Chirac l'avait annoncé le 14 juillet, l'insécurité gagne nos campagnes et Pernaut nous annonce qu'une manifestation anti-violence s'est tenue dans un bled. Que faire ? Aller à Besançon (Doubs) où, grâce à la présence quotidienne de la police de proximité, «*le dispositif est rassurant*». Police partout, justice partout… Mais ce n'est pas la faute de Pernaut puisque, il le redit encore ce 21 février, «*les problèmes de sécurité […] seront en tout cas l'un des grands thèmes de la campagne*».

Alors ça y va : le 22 février, *« 61 % des Français placent l'insécurité en tête de leurs priorités »*, même si, note Pernaut, seuls 30 % disent la ressentir. Le 25, Pernaut se justifie : *« On évoquait dans ce journal et dans tous les médias l'augmentation de la délinquance l'an dernier, ces dernières semaines. »* Mais c'est pour mieux nous emmener près de Landerneau (Finistère) où, en pleine cambrousse, soixante-dix voitures ont été dégradées. En guise de délinquance, il s'agit là de rétroviseurs arrachés et de pneus crevés… Un habitant témoigne : *« On croyait être tranquilles à la campagne. »* Heureusement une bonne nouvelle, toujours à la campagne. Deux crétins – des *« gangsters »*, dit Pernaut – ont eu l'idée de braquer le café d'un petit village. Mais, ainsi que le dit le commentaire du reportage, *« bandits de grands chemins et malfrats, vous n'êtes pas les bienvenus »* : car les piliers de comptoir les ont foutus dehors et coursés dans les marais avoisinants. Morale d'un des justiciers : *« Si tous les gens feraient comme nous, hé ben y aurait pas tout ce qui se passe à l'heure actuelle. »*

Le 26 février, Pernaut nous parle de *« trois heures d'émeutes, trois heures d'affrontements dans un quartier chaud »* d'Évreux (Eure). On verra les vitrines brisées, une voiture noircie, un habitant déplorer qu'*« on travaille pour obtenir quelque chose et c'est démoli en un rien de temps »*, mais pas la moindre explication de l'émeute. Pas grave, l'important, Pernaut le glisse en fin de sujet, les yeux baissés : *« Et cette nuit personne n'a été interpellé.* » En revanche, les viticulteurs dont parle ensuite le présentateur, qui ont fait exploser une bombinette contre du matériel de la SNCF, on les comprend : « *Des viticulteurs exaspérés, on le sait, par la crise que traverse leur profession.* »

Le 27, même topo : « *La violence et l'insécurité qui sont au premier rang des préoccupations de 40 % des habitants de la région parisienne franciliens.* » Mais gare, il y a, insinue Pernaut, « *des faits pas toujours pris en compte dans les statistiques mais qui expliquent en tout cas ce sentiment ou ce constat d'insécurité* ». Après le sujet sur les toxicos de Barbès, un rappel s'impose : « *À propos de sécurité, le plan Vigipirate toujours en vigueur.* » L'occasion d'un petit sujet sur la formation de chiens à la détection d'explosifs.

Tout au long du mois de mars 2002, le « 13 heures » de TF1 continue de faire résonner l'angoissante sirène de l'insécurité et lui fait répondre systématiquement le rassurant refrain des chaussettes à clous. Le 5 mars, pour fêter les vingt ans des zones d'éducation prioritaires (ZEP), Pernaut fait un choix : si la lutte contre l'échec scolaire « *semble fonctionner* », il relève tout de même que « *ça ne calme pas la violence, qui continue à se développer* ». Voyez ce collège de Rennes (Ille-et-Vilaine) et « *une scène désormais ordinaire* » : une prof a été victime d'un vil attentat, elle a reçu de l'encre sur ses vêtements. Ce sera le seul exemple de la violence régnant dans les ZEP.

Le 12 mars, Jacques Legros est aux commandes du « 13 heures » et nous décrit *« un drame de la violence ordinaire »*, celui, à Évreux, d'*« un père de famille battu à mort »*. On apprendra quelques jours plus tard que ledit père était venu armé chercher la castagne, l'important c'est *« la violence ordinaire »*. Celle qui pousse, le 19 mars, un directeur de supermarché de Belfort à fermer son magasin *« à cause des pillages commis par des jeunes »*. Et la litanie de « la violence ordinaire » de se poursuivre : les chauffeurs de bus strasbourgeois qui évitent un quartier où ils se font caillasser, l'arrestation d'un homme accusé d'avoir violé une gamine dans un train de nuit. Ben tiens, comme le dit Legros, voilà qui *« relance le débat sur la sécurité dans les trains de nuit »*. Le journaliste qu'on a mis sur le sujet traque l'insécurité : *« Si les agressions sont rares, l'ambiance reste lugubre et inquiétante. »* Il suit des patrouilles de la SNCF et conclut : *« Dans le noir, il est difficile de se sentir en sécurité. »* La voilà la solution : éclairer la nuit…

Un cas d'école que cette agression d'un chauffeur de bus marseillais dont Pernaut rend compte le 25 mars : *« Après l'agression particulièrement grave d'un chauffeur, samedi soir, vous savez qu'il a été aspergé d'essence par des voyous masqués qui ont voulu le brûler vif, les traminots n'en peuvent plus d'une violence qui s'aggrave. »* À Marseille, le journaliste de TF1 interroge une jeune femme : *« Vous sentez cette insécurité ?*

– Oui, on tient nos sacs comme ça, oui on la sent bien. »

Quatre jours plus tard, le chauffeur avoue son *« incroyable mensonge »*, comme dit Pernaut. Tout était faux, et le chauffeur a inventé l'histoire pour se faire muter loin des quartiers Nord. Incroyable car, ainsi que le dit un collègue dépité, *« la violence, on la vit au quotidien »*. Peu importe que, surfant sur le matraquage insécuritaire, un chauffeur ait pu monter un tel bateau, Pernaut enchaîne : *« À propos d'insécurité, plusieurs centaines de lycéens ont manifesté à Poissy contre l'insécurité dans leur lycée, et sachez que selon un sondage du magazine* Valeurs actuelles, *72 % des Français jugent que le gouvernement lutte mal contre l'insécurité. »*

Le 27 mars, le discours insécuritaire atteint son paroxysme avec la tuerie de Nanterre. Une journaliste de TF1 suit un couple dans la nuit, la femme crie : *« J'en ai marre de cette France qui fout rien, de plus en plus de violence ! »* Puis, à son habitude, le « 13 heures » prend le pouls des commerçants de Nanterre : *« On s'aperçoit que les gens, ils sont dingues, quoi, et partout on rencontre des gens comme ça, on se dit qu'un jour ça va nous arriver. »* Ce 27 mars, Pernaut s'emporte : après Nanterre, *« autre affaire dans l'actualité aujourd'hui : un commissariat pris d'assaut par une bande de voyous »* puis *« toujours la violence, avec le ras-le-bol de plusieurs lycéens nantais »*...

D'un coup pourtant, durant les trois premières semaines d'avril, Pernaut lève le pied. La raison ? L'actualité est assez chaude au Proche-Orient (l'assaut israélien dans le camp de réfugiés palestiniens de Jénine) pour qu'elle prenne le pas sur l'insécurité française, même chez Pernaut. Qui sera, il faut le dire, bien occupé aussi par la mort de la reine-mère, faut pas déconner avec l'actu. Le 15 avril, Pernaut injecte une petite piqûre de rappel avec un rassemblement en mémoire des deux policiers tués en octobre 2001. L'occasion de reprendre les propos d'un officiel : «*La police est le seul rempart contre la violence.*» L'occasion aussi d'enchaîner avec un sujet sur les cambriolages – « *autre violence*», dit Pernaut – et enfin de passer, toujours dans son inimitable style marabout-bout de ficelle, à la campagne électorale : «*La délinquance et l'insécurité qui nous ramènent directement à la campagne électorale, c'est l'un des thèmes les plus développés par les candidats.* »

Le lundi 22 avril, Pernaut ouvre son «13 heures» par «*une première et un gigantesque séisme politique*». Les chiffres du premier tour de l'élection présidentielle, sans passer par la case «*mais tout de suite les prévisions météo d'Évelyne Dhéliat*». Ce sera «*mais d'abord la joie des militants du Front national*». Le ton de Pernaut est grave, celui, neutre, qu'il prend lors des grands événements. Chez Pernaut, puisqu'il n'officie pas le week-end, pas de Papy Voise, ce vieil homme au visage tuméfié dont les journaux du samedi et du dimanche nous ont tartinés juste avant d'aller voter. Mais, après les quatre mois de matraquage sécuritaire qu'a infligés Pernaut au téléspectateur-citoyen (ou l'inverse), les mots de

Le Pen au soir du premier tour résonnent drôlement : « *Vous, les petits, les sans-grade, [...] vous qui avez supporté depuis vingt ans toutes les erreurs et les malversations des politiciens, [...] vous, les agriculteurs aux retraites de misère, vous aussi qui êtes les premières victimes de l'insécurité.* »

Pernaut tente de comprendre, envoie un journaliste en Alsace. Celui-ci parle d'« *une peur diffuse de l'insécurité qui ne l'est pas moins car on est loin des zones urbaines* ». Diffuse, l'insécurité à la campagne ? Et qui, le 21 février, évoquait « *les habitants des petites villes [qui] en ont ras le bol* » ? Une femme alsacienne s'explique : « *La délinquance, c'est ça qui nous fait peur.* » Une autre, à Dunkerque (Nord) : « *Ah ben moi chuis contente que Le Pen est là, et mon mari aussi.*

– Pourquoi ?

– Pasque il était temps, avec tous les gens qui nous agressent et tout. »

Alors, Pernaut a-t-il propulsé Le Pen au deuxième tour ? Non bien sûr. Au cours des vingt jours précédant le 21 avril, *Libération* dénombrait soixante-douze sujets des JT de TF1 comportant des termes liés à l'insécurité comme « *violence* », « *délinquance* » ou « *agression* ». Au cours des vingt jours suivants, le chiffre a été divisé par deux. TF1 et Pernaut ne font pas les élections. Parlons plutôt de complicité.

4. Lexique de la morale pernautienne

Au fil des JT de Jean-Pierre Pernaut, de ses obsessions chaque jour rabâchées, de ses causes défendues mordicus, de ses témoins obligés, se dessine plus qu'une ligne éditoriale : une philosophie. Ou plutôt une morale, dans son sens le plus ancien, à savoir, selon Le Robert, «*la connaissance du bien et du mal*». Et la morale de Pernaut répond à cette logique bivalente, le bien ou le mal, le vrai ou le faux, et, bien sûr, hier mieux qu'aujourd'hui. Lexique.

F comme France

Le mot «France» n'est pas aussi présent dans le lexique pernautien qu'on pourrait le croire. Normal, chez Pernaut, tout est la France et le reportage à l'étranger, rarissime. On note tout de même, le 26 janvier 2004, cette phrase concluant un reportage sur le festival de Dunkerque : «*Et c'est parce que la France est belle qu'elle reste la première destination touristique.*» Un cocorico que prise Pernaut, comme, le 24 août 2004, cette distinction venue de la pourtant perfide Albion : «*Nantes, la plus agréable ville d'Europe selon le très sérieux* Times», annonce Pernaut. Ce qui nous vaut un reportage *in situ*. Pernaut, lui, à la fin du sujet, n'en revient toujours pas : la France distinguée par les Anglais, c'est au minimum une revanche sur Waterloo. «*En tous les cas, Nantes la ville la plus agréable d'Europe selon le* Times, *ça valait le coup d'en parler !*» Parfois, le cocardier Pernaut s'inquiète. Après un sujet sur les progrès en anglais d'une jeune Française depuis son séjour linguistique en Grande-Bretagne : «*En même temps, il ne faudrait pas trop qu'elle oublie le français*» (30/01/2004).

Le mot «France» ou «français» est parfois remplacé par un «on» englobant, le «on» de «on a gagné». Ainsi, lors de la visite du président chinois en France, Pernaut a-t-il souligné que «*pour l'instant, on n'est que le quatorzième fournisseur de la Chine*». Ou, pendant les Jeux Olympiques d'Athènes :

au tableau de médailles, *« on est toujours cinquièmes »*. « On », c'est-à-dire Pernaut, les téléspectateurs et la nation tout entière. Qui sont les quatre premiers au tableau des médailles ? Pernaut ne le dit pas : « on » s'en fout.

M comme Marchés

Ce sont les viviers à témoins du « 13 heures » de Jean-Pierre Pernaut. Pas un JT sans visiter un marché. Que ce soit une série de fin de journal sur « les beaux marchés » ou pour y piocher quelques opinions bien senties sur la pluie, sur la neige, sur l'Europe, sur l'insécurité, sur le tri des déchets, sur l'augmentation des prix (du tabac, des tomates, de la rentrée scolaire, des assurances automobiles) ou sur la candidature marseillaise à l'organisation de l'America's Cup. C'est là que Pernaut réalise chacun de ses micro-trottoirs, sondages à peu de frais sur tous les sujets possibles.

Dans les marchés, Pernaut trouve ce bon sens populaire dont il fait chaque jour son miel. Et peu importe le sujet : doit-on parler, le 1er septembre 2004, de la mobilisation de la communauté musulmane de France pour la libération de Christian Chesnot et Georges Malbrunot, journalistes français otages en Irak ? Eh bien, Pernaut nous a trouvé un marché exclusivement fréquenté par des musulmans. C'est à Marseille, où le journaliste précise que résident 120 000 musulmans. Qui font aussi leur marché. Ceux-là parlent otages, prières, ont un accent arabe, portent parfois le voile, c'est la seule différence avec les marchés que fréquente d'ordinaire Pernaut. Bien sûr, quand il s'agira de parler augmentation du prix des tomates, il oubliera d'aller interroger ce marché à la clientèle maghrébine.

Encore que. Le 25 août 2003, Pernaut nous parle de Bagdad «*où la vie des Irakiens est toujours aussi difficile*» et nous emmène... sur un marché! Et le discours y est le même que sur celui de Besançon : «*Les étals de Bagdad,* raconte le journaliste, *ont retrouvé des fruits, des légumes, de la viande ou des œufs, plus rien ne manque, sauf que, depuis la guerre, les prix ont flambé.*» En témoigne un homme : «*Une bouteille de gaz, avant la guerre, ça valait 250 dinars, maintenant, depuis trois mois, c'est 4000 dinars.*» Et précise le journaliste : «*Alors que nous traversons ce marché, les clients nous interpellent pour déplorer les coupures d'eau, d'électricité et l'absence de sécurité.*» Besançon-Bagdad, même combat.

M comme Mieux avant

À ne pas confondre avec *T comme Traditions*. Le «mieux avant» n'est pas la tradition mais peut désigner l'époque où la tradition a vu le jour. Dans la morale pernautienne, même si le présentateur n'emploie jamais exactement cette formule, le «mieux avant» occupe une place prépondérante : c'est la période étalon, celle à laquelle se mesurent tous les événements d'aujourd'hui. Et aujourd'hui tient rarement la comparaison face à la grandeur d'hier. La preuve ? Comme le dit un homme dans un reportage sur les inondations de la Vilaine (28/01/2004) : *« Plus ça va, plus c'est pire. »*

Parfois, tout de même, aujourd'hui retrouve la grâce d'hier : le 29 janvier 2004, par exemple, le déblayage de la neige en Alsace, c'est *« comme jadis pour aller à la mine »*. Ce *« jadis »*, qui s'emploie souvent chez Pernaut comme synonyme du « mieux avant », était apparemment une période simple où la neige était *« le fumier du pauvre »*. Le « mieux avant » s'illustre régulièrement par l'utilisation d'images d'archives non datées, *« l'époque où il y avait de vrais hivers »*, note-t-il pour souligner le caractère édénique de ce « mieux avant ».

De la même façon, début septembre 2004, une *« petite série nostalgique sur les rentrées des classes d'autrefois, sur l'école d'autrefois »*, avec la visite du Musée du scribe, fondé par Jean-Louis Bonnefille (un nom qu'on croirait inventé pour l'occasion), professeur à la retraite. *« Quand j'ai vu arriver les ordinateurs à l'école, dans les années 1970-1975, je me suis effrayé de voir disparaître ces petits objets, notamment les plumes. »* Du coup, il en a fait un musée qui, explique le journaliste, *« rend ainsi hommage à l'écriture et aux anciens »*. Une gamine s'essaie à écrire à la plume Sergent-Major et bien sûr, explique la chère enfant : *« On voit qu'on a mis beaucoup plus de cœur à écrire comme ça qu'à l'ordinateur. »*

Même fonction des images en noir et blanc, à l'occasion du projet de loi sur la laïcité, avec des archives de l'école publique façon Jules Ferry, barbe grise et blouse obligatoire. Et morale de Pernaut : « *Voilà ce qu'était l'école publique il y a un siècle* », l'air de dire, si le « mieux avant » était encore en vigueur, y aurait pas tous ces problèmes de voile et de violence à l'école… Même regret, le 10 février 2004, sur l'oubli du point de croix, « *un art qui se transmettait à la veillée et à l'école, dans les cours de couture* ».

Pourtant, quelques jours plus tôt, le ton était cette fois à la fête et Pernaut estimait que « *le passé revient comme partout* ». C'était à l'occasion d'un incroyable reportage au titre de film d'horreur de série Z : « *Le retour des salades sauvages.* » À La Roquette-sur-Siagne (Alpes-Maritimes), nous raconte le journaliste, les enfants font la cueillette de salades sauvages qu'ils cuisinent selon des « *recettes issues des livres de nos grands-mères* ». Après la récolte donc, la tambouille sous la houlette des aïeux, ce qui nous vaut ce commentaire édifiant du journaliste : « *Et sous l'œil vigilant des mamans et des mamies, les enfants retrouvent les gestes des anciens, porteurs des valeurs de la terre et de traditions retrouvées.* » Ce même jour, décidément un vrai bonheur de retour au « mieux avant », dans une série consacrée aux « *bons desserts* », c'est carrément sa propre « *tata* » que la journaliste est allée filmer, préparant du riz au lait. Une autre fois, on a célébré « *le retour du savon, le bon vieux savon qui revient dans les salles de bain* » et dont il nous avait échappé qu'il les avait quittées…

Le « mieux avant », c'est aussi une sensation gustative, décrite par une vieille cliente de « *l'un des plus vieux marchés biologiques* », qui affirme : « *J'ai le goût d'autrefois, moi.* » Ça fait froid dans le dos.

Mais le témoin du « mieux avant », celui qu'invoque sans cesse Pernaut, c'est… le charbon. Une véritable passion : le 24 novembre 2003, Pernaut annonce « *une image qu'on croyait oubliée, le charbon* ». C'est en Alsace, où quelques personnes l'utilisent encore pour se chauffer et, jure Pernaut, « *il y a rien de meilleur pour faire la cuisine* ». Las, deux mois plus tard, on suit la mort dans l'âme le dernier livreur de cet « or noir » à Strasbourg, « *fin d'une tournée, fin d'une époque aussi* ».

P comme Petit

Composante indispensable de la morale de Jean-Pierre Pernaut, le « petit ». Dans le « 13 heures » de TF1, tout se doit d'être petit : le « *petit coup d'œil habituel aux prévisions d'Évelyne Dhéliat* », le « *petit plaisir de cigarettes* », un « *petit mot de sport* », *les* « *petits paradis* » que constituent les « *jardins familiaux* », les « *petites entreprises* », la dame qui donne son « *petit billet* » aux pompiers, un « *petit test* » sur le marché de Besançon quant aux aspirations europhiles des Français, les «*bons petits plats d'hiver*», un «*petit morceau de poésie*» sur la Côte d'Opale délestée de ses touristes, «*les petits oiseaux qui n'ont pas grand-chose à se mettre dans le bec en ce moment*» et le «*petit village normand*» injustement frappé d'un redressement fiscal.

Cette utilisation systématique du «petit» fait figure de posture démagogique chez Pernaut : nous, les petits – Pernaut, les téléspectateurs, les Français –, face aux grands – gouvernement, administration et autres dictateurs. Un «*petit paradis*» suffit bien pour les petites gens, de même qu'un «*bon petit plat*», inutile d'aller taper dans la grande cuisine. On nourrit les «*petits oiseaux*», les grands – aigles et autres rapaces – se débrouillent bien tout seuls… Ce goût du «petit» se retrouve aussi dans la litanie pernautienne du «réseau secondaire» négligé par les sableuses qui ne s'occupent que des grands axes enneigés. Mais le «petit» dit aussi toute la morale pernautienne : pour vivre heureux, vivons cachés.

P comme Peur

Chez Pernaut, c'est bien simple, on a peur de tout. Des inondations, par exemple. Revenant dans le département du Gard inondé, il y a un an, Pernaut annonce le 25 novembre 2003 que «*la situation est presque redevenue normale*». Tout est dans l'inquiétant «*presque*». Dans le reportage, d'ailleurs,

oh ouiii, encore l'histoire du savetier !...
Les Contes de Pernaut
TF1
Il était une fois à Trifouillis-les-Oies ...

la voix off précise que «*la peur n'a pas quitté les commerçants depuis un an*». La preuve ? Un commerçant la fournit : «*On a peur.*»

Après l'eau qui ne monte plus mais qui, méfions-nous, pourrait bien, la peur de la maladie. Et particulièrement de la grippe qui, chez Pernaut, a tôt fait de virer à la peste : «*Dans quinze jours,* professe-t-il, *tout le monde sera touché.*» Par la grippe, la bronchiolite et la gastro-entérite aussi, dont on nous montre chaque hiver l'avancée inexorable sur des cartes semblables à des cartes militaires où l'on voit la progression des troupes ennemies.

C'est aussi chez Pernaut qu'on a eu peur en premier de la grippe aviaire, avant qu'elle ne se transforme en panique à l'automne 2005. Dès début 2004, il nous alerte : «*De plus en plus souvent, vous le remarquez, apparaissent de nouveaux virus, virus qui passent à l'homme.*» Ajoutez à ces pandémies – réelles ou imaginaires, pas grave –, « *vous le savez la disparition des médecins à la campagne et bien souvent des médecins de famille dans les villes*», et vous vous retrouvez avec un téléspectateur terrorisé…

Et puis il y a l'angoisse suprême, la peur de l'autre. Le 25 novembre 2003, «*18 % des Français seulement soutenaient l'élargissement de l'Europe*». Pernaut se demande : «*Est-ce toujours vrai ? Petit test ce matin à Besançon.*» Où ? On vous le donne en mille, sur un marché, pardi, où un quidam dit que «*ça va pas être facile*».

Une petite clope pour se détendre ? Pas évident, avec l'augmentation du tabac et les cambriolages se multipliant chez les buralistes, ainsi que le raconte le journaliste d'un ton lugubre : «*En un mois, la clientèle a changé.*» On imagine les patibulaires mastards lorgnant les Caporal et les paquets de gris... Indispensable, la peur, chez Pernaut, même si elle n'existe pas. «*Encore des bagarres dans un service d'urgences hospitalières.*» Pernaut affirme «*encore*» mais dans le reportage, le directeur de l'hôpital dit : «*C'est extrêmement rare.*» Pas grave, l'angoisse est là, c'est l'essentiel. Même chose le 13 juillet 2004, sur la fausse agression antisémite dans le RER D, dans laquelle toute la presse s'est laissée embobiner. Ce jour-là, les interrogations sur la véracité de l'agression sont de plus en plus importantes. Le « 13 heures » de TF1 en rend compte dans un sujet. Retour plateau et commentaire de Jean-Pierre Pernaut : «*Oui, en tout cas la plus extrême prudence s'impose maintenant après l'empressement des politiques à dénoncer l'antisémitisme qui semblait se dégager de cette affaire qui a en tout cas révélé, d'après tous les témoignages recueillis ensuite, la réalité des bandes de voyous qui font régner la terreur dans les trains. Ça c'est vrai.*»[1]

S comme Soupe

L'URSS avait une faucille et un marteau, les États-Unis ont la statue de la Liberté, Jean-Pierre Pernaut a la soupe.

1. Relevé par Acrimed le 10 août 2004.

Aux pois, aux moules, aux courgettes, peu importe. Dans l'herméneutique du journal télévisé de 13 heures de TF1, la soupe tient lieu de clé de voûte. Alors, forcément, Pernaut la sert souvent, sa soupe, histoire qu'elle entre bien dans la tête de ses fidèles : vingt fois au minimum au cours des cinq dernières années. Ce n'est plus un marronnier, c'est carrément une forêt. À chaque sujet, la construction est la même.

D'abord, il y a l'annonce du reportage par Pernaut en pleine fringale : «*La soupe au potimarron, elle a un goût de châtaigne, un goût d'automne*» (14/10/2005) ; « *Avant ou après une journée de chasse, rien de tel qu'une soupe pour se réchauffer, et ça tombe bien puisqu'un festival des soupes commence aujourd'hui dans quatorze villages du Vaucluse*» (7/10/2005) ; «*Festival hivernal mais très sympathique, le festival international de la soupe à Lille. L'occasion de faire la fête*» (2/05/2005).

Ensuite vient le reportage, à chaque fois identique : quelle que soit la soupe (à la banane, à la pomme, à l'oseille, aux choux), on en suit la confection par un indigène. Lequel indigène ne manque jamais de citer son inspiration en matière de soupe : Catherine Girard suit la recette de sa «*Mamie Colette*» (27/10/2004) ; Suzanne «*tient sa recette de sa grand-mère*» (28/10/2004), nous dit le journaliste ; Bernard, qui, le 20 janvier 2003, cuisine une soupe aux pois, ne «*l'imagine pas ailleurs que sur ce fourneau hors d'âge, celui de…* » De qui ? Allez, petit test, ami lecteur : a) de sa mère ? b) de sa grand-mère ? c) de sa femme ? De sa grand-mère *of course.*

Après le lancement du reportage, après la confection de la soupe, vient l'heure de la dégustation par les convives ébahis, puis le commentaire de fin du journaliste : «*Le potimarron donne bonne mine. Il est aussi peu calorique, autant de raisons de ne pas s'en priver*» (14/10/2005) ; « *Comme on dit en Provence, c'est pas cher et ça tient au ventre, alors inutile de s'en priver*» (7/10/2005, on notera qu'à une semaine d'intervalle, on ne se foule pas trop sur les chutes chez TF1) ; «*Retour à la soupe d'antan, aux saveurs des Cévennes, en famille, bien au chaud*» (25/10/2004). Enfin, retour plateau sur la mine réjouie de Jean-Pierre, qui ne peut laisser passer l'occasion d'un petit dernier pour la route : «*Ça a l'air délicieux*», clame-t-il en tapant dans ses mains (14/10/2005) ou, simple et de bon goût, «*Et ça sentait bon*» (14/03/ 2005).

Outre la sidérante nouvelle d'apprendre que se tiennent en France des festivals de soupe[1], la soupe-de-nos-régions-de-nos-grands-mères, c'est la substantifique moelle de Pernaut : voilà de quoi lier ses Français du Jura au Vaucluse,

1. Il faut dire que le Français aime la soupe. Selon l'étude SU.VI.MAX menée entre 1994 et 2002 sur 13 017 personnes par l'Institut Scientifique et Technique de l'Alimentation et de la Nutrition, 46 % des hommes sondés et 42,5 % des femmes sont des consommateurs réguliers de soupe (entre trois et huit fois pendant une période de douze jours).

des Cévennes au Lot, du Calvados aux Alpes-Maritimes. Tous parlent le même langage : la soupe de grand-mère, la soupe qui «*rappelle l'enfance*», la soupe qui est «*sacrée*», la soupe qui est «*une tradition, presque une religion*», la soupe «*qui présage de très bons moments*», la soupe et son «*goût qui nous rappelle plein de choses quand on était jeune*», la soupe que «*même les jeunes générations semblent apprécier*». La soupe, c'est *l'Internationale* de Pernaut («C'est la soupe finale»), son cri de ralliement : «Qui aime la soupe me suive.»

T comme Traditions

À ne surtout pas oublier pour suivre à la lettre la morale pernautienne. Comme le 25 novembre 2003, «*une journée importante sur le calendrier, vous l'avez constaté,* rappelle Pernaut. *C'est la Sainte-Catherine, fête des écolières, des rémouleurs et des jeunes filles de 25 ans célibataires*». Suit un bien beau reportage dans un supermarché d'Azay-le-Rideau, en Indre-et-Loire. Les collègues d'une employée du supermarché lui ont confectionné un chapeau de catherinette orné de rillettes (parce qu'elle a travaillé au rayon charcuterie) : «*D'un côté, c'est un petit peu ridicule mais ça fait quand même plaisir parce qu'on pense à moi*», conclut la catherinette charcutière un rien dépitée.

En février 2004, le 2 tombant un lundi, Pernaut commence à alerter son téléspectateur dès le vendredi précédent : «*Lundi, la Chandeleur*», clame-t-il. Puis, en fin de journal, il remet ça : « *Oubliez pas la petite pièce en retournant la crêpe.* » Ce qui ne l'empêche pas d'en remettre une louche le lundi avec la Chandeleur à Plouguerneau, «*ce serait vraiment dommage de faire mourir les traditions*». Et chaque année, il est sur le coup, le Pernaut, rappelant en 2005 – entre deux sujets crêpiers tout de même – qu'il ne faut pas oublier «*le Louis d'or*» pour faire sauter les crêpes. La Chandeleur tombe-t-elle un week-end, quand Pernaut est de repos ? Pas question de laisser ça à Claire Chazal, non mais : en 2003, dès le vendredi, Pernaut y va de son sujet en Bretagne sur des crêpes «*parfumées de bonne humeur*».

Noël ? Impossible à rater avec Pernaut qui, dès la fin novembre, nous en sert une double dose avec une visite au secrétariat du Père Noël, enchaînée illico avec un marché de Noël à Mulhouse (Haut-Rhin). Pas un mois de décembre sans sa flopée de reportages sur les marchés de Noël au « 13 heures » de TF1, ni sans les étrennes du facteur, pas de janvier sans galette, de Pâques sans œufs... Et pas de fin d'été sans – c'est Pernaut qui parle, la voix gouleyante – « *les veeenndaaaaanges*»... Mais chez Pernaut, la tradition ne s'arrête pas aux fêtes du calendrier. Il a lui aussi ses propres fêtes : la braderie de Lille, début septembre, qu'il annonce une semaine à l'avance avec moult reportages : «*Et maintenant les préparatifs d'un très grand événement*», le 1er septembre 2004, avec un sujet sur la provenance des moules servies pendant le week-end. À chaque grande marée, Pernaut ne rate jamais «*le célèbre mascaret en Gironde*», un genre de déferlante qui remonte toute la Garonne, sur laquelle s'agglutinent canoës-kayaks et surfeurs. Pas question non plus d'oublier «*une tradition depuis plus de trente ans*», rappelle Pernaut le 24 août 2004 : «*Les boutiques qui restent ouvertes tard le soir*» sur la Côte d'Azur…

Mais chez Pernaut, tradition signifie aussi passé, et tout, du coup, est affaire de tradition. Un agriculteur, c'est de la tradition. Ainsi, un moniteur de ski l'hiver et agriculteur le reste du temps «*jongle entre modernité et tradition*». Faire pousser du mimosa à Mandelieu-la-Napoule (Alpes-Maritimes) ? Encore de la tradition car «*la culture du mimosa est ancrée dans la tradition du pays*». Quant à la crêpe qu'aime tant nous vanter Pernaut, bien sûr, elle vient de crêperies bretonnes «*où l'on ne badine pas avec les traditions*». Autant dire que la crêpe, c'est pas produits chimiques et compagnie.

V comme Vrai

C'est certainement l'occurrence la plus fréquente dans le «13 heures» de Jean-Pierre Pernaut. Ce n'est pas le vrai au sens d'«exact» mais le vrai «franc», «loyal». C'est, dans Le Robert, l'acception de «vrai» venue du XIIIe siècle : «*Qui dit la vérité et qui se comporte selon ses intentions, sans dissi-*

muler ni tromper. » Un « *vrai* » sincère et, évidemment, un « *vrai* » naturel.

Le 25 novembre 2003, il pleut (c'est l'entame du JT) et Pernaut rive leur clou à ceux qui s'en plaignent : « *Un vrai temps de novembre.* » Manquerait plus qu'il fasse 35 °C un 25 novembre, auquel cas ce serait un « faux » temps de novembre. Trois mois plus tard, il neige et la France est paralysée. Qu'y peut-on ? C'est, constate Pernaut, « *un vrai temps d'hiver* ». Encore qu'il faut se méfier : le 27 janvier 2004, Pernaut projette des images d'archives hivernales en noir et blanc, « *l'époque*, dit-il, *où il y avait de vrais hivers* ». Pas ces gnognotes d'hiver du XXIe siècle qui vous paralysent la France avec deux centimètres de neige, non, du bon gros hiver qui vous en met plein la vue avec deux bons mètres de neige et des villages bloqués pendant des mois. Un « *vrai* » hiver, quoi.

Fin janvier 2004, le « *vrai* » de Pernaut se précise à l'occasion de l'exposition, à Saint-Paul-de-Vence (Alpes-Maritimes), de photos d'habitants du village. « *On ne verra,* indique le commentaire, *que des gens simples, pas Yves Montand ou Chagall qui ont habité Saint-Paul.* » Et le journaliste d'insister sur les « *beaux visages de vieux avec des vrais regards, de vrais sourires* ». Et Pernaut, à la fin du sujet, de retour en plateau, enfonce le clou : « *De vrais sourires* », répète-t-il. Pas comme ces sourires professionnels de Montand et Chagall, déformés par la célébrité, l'argent et les paillettes, autant dire des sourires faux cul.

De la même manière, le 9 février 2004, le présentateur nous fait découvrir «*les vrais fourneaux d'autrefois*», à ne pas confondre avec les faux fourneaux d'autrefois, certainement *Made in Taïwan*, en tout cas, du toc. De même le 1er septembre suivant, Pernaut en Woodward et Bernstein nous fait-il découvrir «*les vraies coulisses des préparatifs de la rentrée*» scolaire. Gaffe, voilà du sujet chaud, coco, de l'investigation. Et au final, c'est on ne peut plus «vrai» : la passionnante création des emplois du temps, la haletante livraison de la cantine... Quand Pernaut dit «*vrai*», il dit aussi «*méfiance*», attention à ceux qui voudraient vous refourguer les fausses coulisses des préparatifs de la rentrée.

Le «*vrai*» de Pernaut, c'est du normal, du simple, du pas bégueule, du qui ment pas. Il y a aussi une échelle du «*vrai*» : «*Y a que ça de vrai dans la vie, la tempête*» (30/01/2004). Mieux, le même jour, en Bretagne, on apprend que le «*vrai*» se mange. Chez une crêpière (oui, Pernaut est un poil monomaniaque avec les crêpes), une cliente décrit les fameuses galettes et se pâme : elles ont «*le goût du vrai*» ! Pour le coup, un vrai, ou plutôt un véritable, slogan publicitaire utilisé notamment par l'industrie du sucre ou par Bloch, une marque de chapelure («*Retrouvez le goût du vrai*»). Au fait, ça a le goût de quoi, le vrai ?

Quatrième partie :

La treizeheurisation de l'information

1. Pernaut nulle part

En France, on n'a pas de pétrole mais on a Jean-Pierre Pernaut. Un modèle unique. Pourtant, TF1 n'a pas inventé la poudre en découvrant qu'à 13 heures il faut s'adresser aux gens qui rentrent déjeuner chez eux. « *C'est l'axe marketing universel des infos de la mi-journée* », explique Bertrand Villegas, patron de The Wit, une société qui étudie les programmes télé à travers le monde et dont les clients sont les chaînes et les producteurs de télévision internationaux qui veulent se tenir au courant des tendances du petit écran.

Même axe marketing, donc, pour les journaux de la mi-journée du monde entier, et souvent même angle régional, alors que, globalement, comme en France, les « 20 heures » s'adressent à la nation tout entière. Et pourtant, un seul

Jean-Pierre Pernaut. Prenons la puissante RTL en Allemagne, une des première chaînes européennes. Son Jean-Pierre Pernaut est blonde, jeune, jolie et s'appelle Katja Burkard. Elle présente « Punkt 12 » (de midi à 13 heures) et, alors que le journal du soir est on ne peut plus traditionnel, Bertrand Villegas décrit « Punkt 12 » comme *« un tabloïd multirégions »*. C'est-à-dire ? *« Le concept, c'est* "news to use", explique Villegas. *De l'info, du style de vie et du service. C'est de l'info pratique de la mi-journée, ça parle de tempête, de brouillard, la dernière partie étant plus consacrée à la santé et au mieux-vivre. C'est très magazine comme contenu. »*

À la différence de TF1, « Punkt 12 » consacre une grande partie de son édition au fait divers – pratiquement absent chez Pernaut ou alors sous des formes insolites, comme des fermetures de maisons de retraite ou des fissures dans des maisons. Résultat : *« "Punkt 12", c'est ce qui marche le mieux en Allemagne à la mi-journée »*, avec deux millions de téléspectateurs. Tss de la petite bière à côté de notre Jean-Pierre…

« Ce qu'on retrouve en Allemagne et dans plusieurs autres pays, souligne Bertrand Villegas, *c'est le principe du multiplexe multirégions, une sorte de kaléidoscope en région. »* Exemple en Espagne, de 18 à 19 heures, avec « España Directo », sur la chaîne publique nationale TVE1, qui réunit trois à quatre millions de téléspectateurs et existe

également en version andalouse (« Andalucia Directo »), madrilène (« Madrid Directo ») ou catalane (« En Directe »). Un peu à la manière des décrochages régionaux et locaux de France 3 ? Pas exactement : *« Ces chaînes sont plus proches de la presse quotidienne régionale (PQR) que ne l'est France 3. Par exemple, elles font du fait divers alors que France 3 s'y refuse. »*

De la même façon, en Grande-Bretagne, la BBC propose après chacun de ses journaux nationaux (le matin, à la mi-journée, le soir et la nuit) un journal local de cinq minutes dont le présentateur change selon la région. En règle générale, poursuit Villegas, *« l'offre à l'étranger est plus décentralisée qu'en France. Tous les autres pays ont leur PQR télé. Pas la France, car ça ne correspond pas à ce que fait France 3. Du coup, Pernaut comble ce manque, mais sans les décrochages »*.

Poussée à l'extrême, cette logique de décentralisation donne, aux États-Unis, CBS qui, dans ses versions régionales – CBS New York, CBS Washington, CBS Chicago, etc. –, aborde les problèmes nationaux depuis la région. Quant à New York One, modèle de Jean-Claude Pâris pour le journal de Pernaut, *« on en voit bien l'influence,* répond Villegas : *c'est la volonté de montrer la vie réelle depuis les régions, mais le New York One au niveau national, c'est plutôt en Espagne ou en Grande-Bretagne qu'on le trouve »*.

Une exception toutefois : l'Italie, dont le schéma cathodique se rapproche de celui de la France avec des

Ah non, l'INFO, j'en Fais plus !
Restaurant
Chez Jean-Pierre TF1
TAC O TAC
EURO
Menu
•Météo en Salade
•pâté d'Actu. à la Jean-Pierre
•Gratin de reportages en région
•plateau de vieux, ou crême de fête Traditionnelle
Wolmiède.

chaînes hertziennes puissantes et un paysage audiovisuel de complément – le câble et le satellite – faible. Sur le plan de l'info aussi, «*on peut comparer l'Italie à la France,* confirme Villegas, *sauf qu'elle est encore moins tournée vers le régional : son journal de la mi-journée est comparable à son "20 heures". En revanche, elle tire ses infos vers le* people». Ce que jamais au grand jamais on ne retrouvera chez notre Pernaut national ! Un Jean-Pierre totalement en dehors des canons de l'info actuels tels que Villegas les décrit : «*La tendance, c'est vraiment le tabloïd au sens de faits divers et de* people, *vu depuis les régions ; c'est typiquement ce que fait l'Allemagne, c'est un peu* trash, *c'est une PQR plus* trashy *et moins institutionnelle que ce qu'on connaît en France.*»

Quant à la vision des régions façon calendrier des postes inventée par Pernaut, c'est bien simple, elle est unique au monde : «*Je n'ai vu ça nulle part,* confirme Villegas. *On peut retrouver beaucoup de petits magazines sur la pêche ou la chasse en Grande-Bretagne, mais ils ne sont pas du tout liés à l'info. Il existe aussi en Italie des talk-shows un peu à la manière de "C'est mon choix", avec des multiplexes en région pour aller à la rencontre des gens, mais ce n'est pas de l'info non plus. Le côté "nos belles régions" dans le JT n'existe pas ailleurs qu'en France.*»

Pire, c'est Jean-Pierre Pernaut tout entier, en tant qu'homme-tronc, qui est démodé, à en croire le portrait que dresse Villegas du présentateur moderne : «*Aujourd'hui, chez les présentateurs, la tendance est à la féminisation. Ce ne sont d'ailleurs plus tant des présentateurs que des* "news readers"*. Ça correspond aussi à une aseptisation.* » À des lieues de Pernaut, qui vit, incarne et interprète son journal. « *Ce qui est unique chez Pernaut, c'est sa façon de personnaliser l'info. Le seul qui fasse de même, c'est Emilio Fede, sur la Rete 4, en Italie. Mais chez lui, ça se caractérise par son soutien à Berlusconi.* » Complètement atypique, Jean-Pierre Pernaut, dans le paysage international de l'info télévisée ? « *C'est son ton très personnel qui le différencie. Pernaut, c'est vraiment l'auteur de son JT et c'est quelque chose qu'on ne voit plus. Il va à l'encontre du sens de l'Histoire,* sourit Bertrand Villegas. *C'est un ovni universel !* »

Un présentateur qui, tel le dernier charron, faisant fi des modes et de la modernité, continue à faire vivre son savoir-faire dans le respect des traditions de nos grands-mères : pas de prompteur, des réflexions personnelles à tout bout de champ, comme au bon vieux temps.... Eurêka ! Jean-Pierre Pernaut, c'est tout bonnement un sujet pour Jean-Pierre Pernaut. Jean-Pierre Pernaut, c'est le dernier présentateur de Trifouillis-les-Oies.

2. Pernaut partout

Depuis le 6 janvier 1975 – soit la bagatelle de trente et un ans – qu'elle a succédé à la première chaîne de l'ORTF, TF1 n'a connu que deux présentateurs du journal de 13 heures : Yves Mourousi et Jean-Pierre Pernaut. Depuis le début du règne de Pernaut, ils sont quatorze présentateurs – ou paire de – à s'être essayés, sur Antenne 2 puis France 2, à le détrôner. Rien à faire : à 13 heures, c'est Pernaut qui régale.

Sur France 3, qui diffuse à ce moment-là son « 12/14 », millefeuille d'infos régionales et nationales, c'est la même panade. Depuis le 23 janvier 2006, M6 tente l'assaut du Pernaut avec un JT en images présenté par la journaliste Anne-Sophie Lapix, mais à 12 h 50, afin d'éviter l'affrontement. Alors quoi ? Indéboulonnable, le Pernaut ? Insurpassable le dernier présentateur de Trifouillis-les-Oies, que le monde entier ne nous envie pas ? Pire, bien pire que ça. Non seulement il est indépassable, mais il instille sa pernaugraphie un peu partout.

Quatorze au « 13 heures » de la Deux

Il y a bien longtemps, Antenne 2 a battu Jean-Pierre Pernaut à 13 heures. Si, si, juré. En tout et pour tout, ça a duré six mois. À peine : du 22 février 1988 au 13 juillet 1988, très exactement. Depuis, ce phénomène étrange ne s'est jamais reproduit. Six mois après son installation dans le fauteuil de Mourousi, Pernaut coiffait au poteau la paire William Leymergie-Patricia Charnelet et n'a cessé, au moins jusqu'au moment où s'impriment ces lignes, de creuser l'écart : de 31,5 % des téléspectateurs en 1989, le « 13 heures » de la Deux est passé en 2005 à 17,3 %...

Rien ni personne n'a fait de l'ombre au « 13 heures » de TF1. Et pourtant la Deux a aligné du beau linge. Dans l'ordre d'apparition et de disparition : Henri Sannier (à partir de janvier 1990, mort pour le « 13 heures » de la Deux) ; Philippe Lefait en alternance avec Hervé Claude (à partir de septembre 1990, morts pour le « 13 heures » de la Deux); Henri Sannier le pugnace, accompagné de Laurence Piquet (à partir de septembre 1992); Henri Sannier seul, s'accrochant au « 13 heures » telle une moule à son bouchot (à partir de septembre 1993); Daniel Bilalian (à partir de février 1994) ; Patrick Chêne (à partir de septembre 1995) ; Patrick Chêne et Laurence Piquet ou Antoine Cormery (à partir d'octobre 1997); Rachid Arhab et Carole Gaessler (à partir de septembre 1998); Gérard Holtz (à partir de septembre 2000); Daniel Bilalian chipant à Sannier son rôle de crampon au « 13 heures » (à partir de septembre 2001); puis Christophe Hondelatte (septembre 2004-janvier 2005), envolé en cours d'année pour cause de gros caprice et remplacé au pied levé par Benoît Duquesne (à partir de janvier 2005); et enfin, *last but not least*, Élise Lucet, montée au champ d'honneur du « 13 heures » depuis la rentrée de septembre 2005.

En face, à la façon dont les pilotes américains inscrivaient leur tableau de chasse sur la carlingue de leur zinc, Pernaut fait une petite croix sur son bureau et rigole doucement. ne manque jamais une occasion de rappeler combien de présentateurs et de formules France 2 a tenté, en vain, de lui opposer.

Hervé Brusini, longtemps journaliste à France 2 où il fut également rédacteur en chef du « 20 heures », aujourd'hui directeur délégué à l'information de France 3 et auteur d'un documentaire sur *Les Cinquante Ans du journal télévisé*, s'est fait une raison : *« Au "13 heures", on a toujours été le* sparring-partner *de Pernaut.* » La création même d'un journal de la mi-journée sur la Deux s'est faite en réaction à celui de

TF1 : «*À l'époque,* se souvient Hervé Brusini, *avoir Mourousi en face était une vraie préoccupation.*»

En 1979, Jean-Pierre Elkabbach, alors directeur de l'information d'Antenne 2, installe un «13 heures». «*Il s'agissait véritablement de faire une contre-programmation,* raconte Brusini. *La matrice, c'était de faire de ce JT le canard de la rédac'. C'était pour aller contre le JT de Mourousi, incarné par une seule personne* [Mourousi n'est alors pas encore accompagné de Marie-Laure Augry, nda]. *Cette culture très rédac' a impulsé tout le reste, toutes les autres formules des journaux de 13 heures de la Deux.*» En 1979, «Antenne 2 Midi», c'est une table ronde autour de laquelle sont assis plusieurs journalistes de la rédaction emmenés par Patrick Lecoq : « *L'idée,* explique Brusini, *c'était de ne pas avoir de journaliste starisé mais de faire des "coups"* via *les invités du JT.*» Ce qui donnera lieu, le 19 mars 1980, au célèbre coup de gueule de Daniel Balavoine sur le désespoir de la jeunesse française, alors que François Mitterrand est invité.

En dix-huit ans de «13 heures» face à Pernaut, la Deux n'a fait que tourner autour de trois idées : le couple, pour tenter de retrouver la gloire perdue de William Leymergie et Patricia Charnelet (Henri Sannier et Laurence Piquet ou Rachid Arhab et Carole Gaessler). La table version Patrick Lecoq qui accueille journalistes et invités (Gérard Holtz dont c'était le modèle revendiqué, mais aussi Christophe Hondelatte et aujourd'hui Élise Lucet) et le présentateur unique. Là, quelques variantes. France 2 a tenté l'anti-Pernaut au début des années 1990 en jouant la carte Philippe Lefait, en alternance avec Hervé Claude. «*Le reproche que l'on nous faisait alors était de proposer, à 13 heures, le "20 heures" avant l'heure,* raconte Philippe Lefait. *Je n'avais pas la même conception du journal que Daniel Bilalian, qui avait refusé le poste. Schématiquement, pour lui un journal devait d'abord informer au plus près des préoccupations de celui qui le regarde. Je continue de penser qu'il doit en priorité refléter ou critiquer un ordre du monde. En 1990, le fait qu'on ait pu penser à moi montrait que France 2 n'en était pas à vouloir battre Jean-Pierre Pernaut sur ce terrain de la proximité avec le téléspectateur.*»

Pas encore, mais ça n'allait pas tarder. Avec Daniel Bilalian, notamment, France 2 va jouer la carte du Pernaut sans Pernaut. Un Bilalian qui déclare : «*Je fais un journal pour les mimiles et je suis le premier d'entre eux*» (*Libération*, 25/05/1998) n'était-il pas le casting idéal pour aller guerroyer contre Pernaut? Lui qui, comme son rival, n'hésite pas à donner son avis en plein JT. Lors de la campagne pour l'élection présidentielle de 2002, Bilalian se fait d'ailleurs le frère jumeau de Pernaut. Martelant à tout bout de champ : «*L'insécurité, on le sait, est le thème majeur… l'un des thèmes majeurs en tout cas de la campagne présidentielle.*» Ou s'illustrant, au moment de la fausse agression d'un chauffeur de bus marseillais : «*On ne sait plus quel adjectif employer. On pouvait penser à l'impensable survenu la semaine dernière à Évreux, dans un supermarché à Nantes ou encore à Besançon, avec ces deux jeunes filles [en] torturant une troisième... Eh bien, à Marseille, c'est encore autre chose.* » Bref, du pur Pernaut...

Pourtant, Hervé Brusini l'affirme : « *J'ai rarement entendu citer Pernaut comme un point de focalisation. Inconsciemment, on faisait comme s'il n'existait pas, ce qui est d'ailleurs aberrant !* » En 2002, dans *Libération*, Michèle Cotta, directrice générale de France 2 à l'époque, désigne quant à elle clairement l'ennemi en décrivant la paire Arhab-Gaessler comme « *une formule moderne [...] délibérément anti-Pernaut* ». Anti-Pernaut d'accord, et après ? Est-ce suffisant ? Au fil des années, France 2 n'a cessé de perdre des téléspectateurs à 13 heures. Et le moins que l'on puisse dire, c'est que France 2 n'a pourtant pas opposé à Pernaut les formules les plus audacieuses ou les plus haut de gamme qui soient. Philippe Lefait, lui, y va franco : « *Depuis la loi scélérate de Léotard*[1] *– scélérate parce qu'elle faisait de ce lieu singulier et potentiellement démocratique qu'était la télévision un supermarché où la quantité de téléspectateurs plus que la qualité des contenus pouvait désormais faire loi –, la concurrence nous a installés dans le marquage à la culotte.* »

1. La loi Léotard du 30 septembre 1986 a organisé la dérégulation de l'audiovisuel et de la communication et ouvert la voie à la privatisation de TF1.

Sans parler de sa légitimité à le faire, le service public a-t-il les moyens de courir après TF1 ? Après, Pernaut a beau jeu de faire la leçon à France 2 sur son absence de ligne éditoriale : « *Qu'est-ce qu'ils veulent raconter, à cette heure-là, dans un journal ? Quel journal veulent-ils faire ? Est-ce qu'ils veulent faire* Le Parisien, *est-ce qu'ils veulent faire* France Soir, *est-ce qu'ils veulent faire* Le Monde, *est-ce qu'ils veulent faire* Ouest-France *? Comme dans la presse écrite, quand on devient rédacteur en chef d'un journal, quand on fabrique un journal dans la presse écrite, on essaie de trouver une cible* [1]. »

On ne peut pas dire que Pernaut ait la victoire modeste. Cependant Gérard Holtz, en quittant le « 13 heures » de France 2 en mai 2001, ne dit pas autre chose : « *Avec beaucoup de talent et de professionnalisme, nous faisons un journal pour les journalistes, pas pour le grand public.* » Mais est-ce bien là le problème ? Année après année, le « 13 heures » de France 2 a privilégié la forme au fond. Ainsi, en 2004, quand, à l'issue d'une éviction dont seul le service public a le secret (après l'annonce du faux retrait d'Alain Juppé par David Pujadas, Arlette Chabot, qui remplace Olivier Mazerolle à la direction de l'information, choisit de virer… Bilalian !), Hondelatte se retrouve aux manettes du « 13 heures », c'est censé être la révolution. Mais elle est purement formelle : un présentateur bateleur,

1. Michel Le Guénic, *op. cit.*

un nouveau plateau avec une nouvelle table au beau milieu de la rédaction, et des rubriques nouvelles (le débat, le feuilleton, l'invité des cinq dernières minutes). Face à la machine marketing Pernaut, France 2 brasse du vent. Sur son plateau de talk-show, Hondelatte s'agite, arbitre des débats on ne peut plus contradictoires, dégaine des lancements chocs, passe ses invités sur le gril… En pure perte. Les téléspectateurs ne sont pas plus nombreux que sous Bilalian, et Hondelatte pète les plombs en plein vol. Il jette l'éponge.

Élise Lucet à la traîne de Pernaut

Aujourd'hui, après l'arrivée d'Élise Lucet aux commandes de l'appareil en septembre 2005, la formule du « 13 heures » de France 2 est moins tape-à-l'œil : le débat a disparu, et la partie consacrée à l'actualité est plus longue. Les apparences « service public » sont sauves. Face à Pernaut qui démarre son JT du 21 décembre 2005 sur cette information essentielle : c'est l'hiver, suivie d'un reportage en Auvergne où, naturellement, on a de vrais hivers, Élise Lucet ouvre le « 13 heures » de France 2 sur le mariage gay d'Elton John.

Le même jour, quand Pernaut poursuit sur la gastro-entérite qui commence à toucher la France, Lucet rend compte de la séparation réussie de frères siamois. Pas la gloire pour France 2, mais les informations sont plus présentables. Le lendemain, c'est plus flagrant : alors que, tout dépité, Jean-Pierre Pernaut entame son « 13 heures » par un « *toujours pas de Noël blanc en prévision !* » et l'histoire d'« *un distributeur de billets devenu fou* » puisqu'il s'est mis à cracher des coupures en double, Élise Lucet ouvre avec le millième radar automatique et le nombre de tués en baisse sur les routes. Puis enchaîne sur une soupe populaire raciste de Nice qui cuisine au porc pour en éloigner les musulmans, pendant ce temps que Pernaut s'intéresse de très près à la folie de Noël dans les magasins. Alors peut-être la soupe facho de Nice méritait-elle plus l'ouverture du journal de France 2 que les radars automatiques, mais on va dire que ça fait tout de même plus sérieux que Pernaut qui, pour un passionné de la soupe, comme c'est étrange, ne parlera pas, en cette fin 2005, de celle, à la grimace, de Nice.

En revanche, passés les premiers titres, les différences se font moins flagrantes. Ah les beaux livres consacrés aux villages d'autrefois ou à la Loire que vient présenter un journaliste de France 2 sur le plateau du « 13 heures »... Oh ce feuilleton consacré aux chevaux de Noël... Eh non, la période des fêtes n'explique pas tout. Pire, le 22 décembre, France 2 est contaminée par la gastro-entérite que Pernaut a diagnostiquée dès le 21. De même, alors que TF1 a cru bon le 20 de consacrer un sujet à ce nouveau hobby déplorable qui consiste à illuminer l'extérieur de son habitation pour Noël, France 2, comme un toutou à sa

Tiens bon Élise... on arrive !!!
canal+
M6
TF1
France 2
France 3

mémère, suit fidèlement le 22. Mais attention, alors que Pernaut s'est déplacé dans un petit village, avec des grands-parents et leurs petits-enfants, France 2 va dans une HLM. C'est à ça qu'on reconnaît le service public.

Suivisme encore, pour des infos plus sérieuses comme ces tentes-igloos distribuées aux SDF par Médecins du monde, qui étaient chez Pernaut dès le 21 et chez France 2 seulement le lendemain. Même chose pour la lutte contre les jouets de contrefaçon dangereux, chez Pernaut dès le 20 alors que Lucet n'en parlera que deux jours plus tard. C'est sans doute là le plus inquiétant : le journal de Pernaut est bien souvent le premier sur l'info, et pas seulement l'info de proximité ou carrément folklorique. Le résultat de la puissance d'une rédaction de deux cent soixante journalistes et d'un réseau de dix-neuf bureaux régionaux.

Et France 2, sous des dehors plus respectables et malgré quatre cent quarante journalistes, n'en mène pas large. La preuve : en 2004, une étude interne préalable au lancement de la nouvelle formule du « 13 heures » de France 2 avait révélé qu'il existait, perdus dans l'espace cathodique, des téléspectateurs friands d'info à 13 heures qui, n'en trouvant nulle part, se rabattaient sur Pernaut. France 2 se faisait alors fort de les récupérer. Depuis la rentrée, Élise Lucet a certes grappillé quelques points d'audience (selon France 2, 1,3 point d'audience et cent soixante mille téléspectateurs de plus sur la période septembre-décembre 2005 par rapport à la même période de 2004), mais ce n'est pas à Pernaut, plus puissant que jamais, qu'elle les a piqués.

France 3 et M6 : les Petits Poucets du « 13 heures »

Longtemps, Jean-Pierre Pernaut ne s'est vu qu'un concurrent sérieux, un homme costaud, un paysan madré capable, d'un coup de hache bien senti, de le faire vaciller : Charles Ingalls *himself*. Chaque jour, selon plusieurs témoins, Pernaut guettait la fin, sur M6, de la série *La Petite Maison dans la prairie* : il devait à ce moment-là, vers 13 h 15-13 h 20, en avoir terminé avec l'actualité pour diffuser un sujet capable d'attirer les Ingallsophiles.

Maintenant que M6, après dix-sept ans de lutte acharnée Pernaut-Ingalls, a jeté l'éponge en mettant un terme aux redifs en boucle de *La Petite Maison dans la prairie*, Jean-Pierre peut souffler : ce n'est pas la concurrence actuelle qui lui fera de l'ombre. Pourtant, c'est de l'info. En juin 2005, la Six a lancé une déclinaison déjeunatoire de son « Six minutes » de 19 h 50, le « Six' midi », diffusé à 12 h 50, juste avant le « 13 heures » de TF1. En janvier 2006, M6 mettait un peu de chair dans son JT tout en images en le faisant présenter par la journaliste Anne-Sophie Lapix. Au final, le JT de la mi-journée de M6, qui s'appelle désormais le « 12.50 », pourrait bien être l'un des plus ressemblants sur la forme au « 13 heures » de TF1 : beaucoup d'images, entrelardées de quelques secondes de présentation des sujets. Ce ne serait d'ailleurs pas la première fois que Pernaut inspire M6. Le 31 janvier 1989, un an à peine après l'installation de Pernaut, la Six flairait le bon filon de la proximité en lançant un décrochage d'infos locales girondin, le « Six minutes Bordeaux », suivi au fil des années par dix autres décrochages dont certains sont d'ailleurs assurés par les mêmes agences de correspondants que TF1.

Sur France 3, en revanche, on n'a pas attendu Pernaut pour faire de la région, non mais ! C'est même la raison sociale inscrite dans le cahier des charges de la chaîne, née le 1er septembre 1972 : elle « *assure en particulier une information de proximité et rend compte des événements régionaux et locaux* ». Pourtant, c'est bien le succès de Pernaut qui a incité France 3 à lancer en décembre 1995 le « 12/13 », la reproduction à midi de sa formule à succès du soir, le « 19/20 » : des infos régionales suivies d'un JT national. Aujourd'hui, le « 12/13 » a même été étendu aux abords de 14 heures et s'appelle le « 12/14 ». L'édition régionale de 12 heures à 12 h 30 et la nationale de 12 h 30 à 13 heures marchent plutôt bien : pas de Pernaut en face. Las, la case de 13 heures à 14 heures, occupée par des magazines conçus par les stations régionales de France 3 – tiens, tiens, des sujets magazines en régions, ça par exemple, mais où sont-ils donc allés chercher pareille idée ? –, n'a jamais décollé et devait être supprimée en février

2006. Ce serait-y pas, des fois, à cause qu'en face notre cher Jean-Pierre est à l'antenne ? Oui, bien sûr : «*À la mi-journée,* constate Hervé Brusini, *le téléspectateur de France 3, après le journal régional et le national, va ensuite regarder Pernaut.*»

C'est qu'on ne fait pas du Pernaut comme ça, en claquant des doigts. D'ailleurs, le présentateur du «13 heures» de TF1 s'en félicite : «*France 3 fait du local, ils ne savent pas donner à leurs informations un écho national*[1].»

C'est la vieille équation de Pierre Wiehn : «*France 3, c'est Paris à Limoges. Le "13 heures" de TF1, c'est Limoges à Paris.*» Avec les mêmes ingrédients, et même en essayant de copier sa recette en lançant des magazines en régions, le frichti cuisiné par France 3 n'a rien à voir avec le plum-pudding que Pernaut fait avaler chaque jour à plus de 7 millions de personnes.

À 20 heures, il est 13 heures

C'était écrit en lettres d'or dans les tables de lois de l'info de TF1 : le «20 heures» serait jacobin, le «13 heures» pas. Le «20 heures» serait le tout, le «13 heures» la partie. Le «20 heures» donnerait l'actualité de la France entière à la France entière, le «13 heures» donnerait l'actualité de toutes les régions à toutes les régions. Le «20 heures» serait institutionnel, le «13 heures» donnerait la parole aux «vrais» gens.

1. *Le Monde*, 23/09/1996.

Jusqu'aux présentateurs : Patrick Poivre d'Arvor le mondain pour le « 20 heures » (qu'il présente depuis août 1987), et Jean-Pierre Pernaut le provincial pour le « 13 heures ». C'était il y a dix-huit ans. Entre les deux éditions : un monde. Jean-Pierre Stucki se souvient que quand il était correspondant, *« il y avait une véritable fracture entre le "13 heures" et le "20 heures". Sauf en cas de grosse actualité, il était impossible de faire passer un sujet du "13 heures" au "20 heures", ou alors il fallait le traiter très différemment. À l'époque, la rédaction faisait tout pour contrer la treizeheurisation du "20 heures" »*.

Et puis peu à peu, les choses changent. Ça commence par les éditions du week-end, qui vont de plus en plus souvent sur le terrain de Pernaut. Jean-Pierre Stucki se souvient même qu'*« il était interdit d'envoyer un sujet pour le "13 heures" de la semaine suivante le vendredi, de peur que les éditions du week-end le piquent »*. Et puis le « 20 heures » s'y met. Un journaliste de la rédaction témoigne : *« Avant, à TF1, il y avait un "13 heures" et un "20 heures". Il y avait les parties nobles, le "20 heures" de Poivre, et les parties basses, le "13 heures" de Pernaut. Aujourd'hui, il y a deux "13 heures". »*

Mais TF1 sait garder sauves les apparences. Regardons le « 13 heures » de TF1 puis regardons le « 20 heures » de TF1. Au premier coup d'œil, ce n'est pas la même chose. Jamais PPDA n'entamera son JT par des fissures dans des maisons, ou avec Maurice, 100 ans, et qui conduit toujours sa R5. Jamais il ne lancera de séries de reportages sur les beaux paysages d'hiver ou les jolis marchés de France. Et pourtant, quand on trousse le jupon du « 20 heures », on y trouve des choses étonnantes. Des sujets repiqués tels quels du « 13 heures » comme ce suicide d'un agriculteur de l'Indre en sixième position au « 20 heures » (21/12/2005) ou la gastro-entérite (le même jour), vieux dada de Pernaut qui contamine Poivre à son tour.

Sans barguigner, Poivre récupère chez Pernaut cette croquignolette histoire de distributeurs de billets qui les offre en double. Mais Poivre, lui, ne passe pas le sujet en second, non, il vient plus tard... Cette hiérarchisation de l'info sauve les meubles du « 20 heures » de TF1, lui conserve son vernis sérieux et institutionnel. Quand l'Europe est inondée, Pernaut s'enlise longtemps sur le cas français avant d'aborder rapidement les intempéries à l'étranger. Le « 20 heures », lui, fait l'inverse, entame à l'étranger avant de zoomer sur la France (23/08/2005). C'est à ce type de délicate nuance qu'on reconnaît le JT de 20 heures... Mais qui est dupe ? Ce jour-là, à TF1, on estime que ces phénomènes naturels méritent l'ouverture des deux éditions de 13 heures et 20 heures.

De la même façon, qui remarquera les subtiles différences qu'ajoute le « 20 heures » aux sujets repompés du « 13 heures » ? Moins de témoignages de gens dans des marchés ou dans la rue et, à la place, l'interview d'un expert interdit chez Pernaut. Point de fiers pêcheurs d'anchois comme au « 13 heures » mais de sérieuses infographies bardées de chiffres. Moins de contribuables qui se plaignent et plus de ministre des Finances expliquant doctement sa réforme. Parfois, c'est très subtil : fin août 2005, les deux éditions s'intéressent au même championnat mondial d'athlétisme des vétérans mais elles ne font pas témoigner le même ancêtre. Le « 20 heures » prend Marcel, champion de vieux disque, et Pernaut – à tout seigneur, tout honneur –, le plus ancien des athlètes. Ça s'appelle de la répartition des tâches… Au « 20 heures », souvent, la parole est plus mesurée. Certes, comme chez Pernaut, les prix, les factures et la liste des fournitures scolaires augmentent, mais ça s'explique aisément : « *Plus l'enfant grandit, plus la facture est élevée.* » Las ! Sous la couche de sérieux, le sujet est le même, ce même marronnier des rentrées scolaires…

Le « 20 heures » de TF1, dont les audiences en semaine inquiètent la direction de l'information, lorgnerait-il du côté du « 13 heures » aux téléspectateurs toujours plus nombreux et aux parts d'audience bondissantes ? « *C'est Robert Namias qui a changé la ligne éditoriale du "20 heures"*, témoigne un journaliste. *C'est lui qui a fait la ligne popu'. Au début, Poivre râlait ou faisait semblant de râler. Il avait du mal à assumer son journal. Maintenant, il s'est retourné, il dit : "On fait un excellent journal puisqu'il est regardé." C'est regardé, donc le journal est bon, c'est le mot d'ordre depuis quatre ans.* »

Et Pernaut le colérique, comment accepte-t-il de se faire piller de manière aussi éhontée ? «*Pernaut dit régulièrement : "Tiens, j'ai vu le '20 heures' hier, on aurait dit le '13 heures'..." Des fois, il le dit en vannant. Mais il hurle régulièrement sur le fait que le "20 heures" lui pique des sujets. Il dit souvent que Poivre fait du "13 heures"*», raconte un journaliste de TF1. Mieux, selon le même, «*Pernaut a laissé courir la rumeur selon laquelle il voulait faire le "20 heures"*».

Est-il taquin ce Jean-Pierre... Il faut bien dire qu'il ne détonnerait pas comme présentateur de certains sujets du «20 heures». Ainsi, quand, en novembre 2005, Poivre choisit, en deuxième titre de son journal, de déplorer cette satanée neige qui, en Vendée, a fait s'effondrer des grillages, libérant des volailles et des faisans d'élevage dans la nature... Même Pernaut à 13 heures ne l'avait pas fait celui-là ! Et, le 22 décembre 2005, pour qui ces vendanges tardives de Jurançon ? Le «20 heures» ! Et l'école maternelle sur liste d'attente le 25 septembre 2005 ? Le «20 heures» aussi. Le camping-car vedette de l'été ? «20 heures» itou.

Autant de sujets à la manière du «13 heures», sauf qu'ils ont été commandés spécialement pour le «20 heures». Quant à ce renversant reportage sur une crèche fabriquée par les blanches mains de légionnaires corses dans le «20 heures» du 21 décembre 2005, c'est quasiment un hommage au «13 heures». Au point que PPDA en profite, en sortie de sujet, pour chambrer Pernaut en annonçant la nouvelle formule de «Combien ça coûte?» à 20h50, «*présentée par le camarade légionnaire Jean-Pierre Pernaut*».

Sympathique de se moquer des petits camarades tout en utilisant leurs armes… Car au fond, c'est cette même tentation de l'anecdotique et/ou du spectaculaire qui meut le «13 heures» et le «20 heures». L'anecdotique, c'est un décathlonien de 85 ans, des volailles qui s'échappent, les vendanges de Jurançon… Le spectaculaire, c'est le tsunami, Beslan ou cette neige fin 2005 – de la neige en décembre, comme c'est étonnant… – qui bloque certaines régions et recouvre du même blanc manteau les éditions du «13 heures» et du «20 heures» (alors présentées par les remplaçants Jacques Legros et Thomas Hugues) et quasiment identiques pour l'occasion.

Anecdotique ou spectaculaire, c'est cette même info carburant à l'émotion qui nourrit le «13 heures» et le «20 heures». À la mi-journée, elle est revendiquée, portée en sautoir, presque comme une provocation, jusqu'à la caricature. Le soir, elle se farde de respectabilité. Mais c'est la même chanson.

Le «20 heures» de France 2 dans la roue de TF1

«20 heures» de France 2 - «13 heures» de France 2, même combat : faire rendre gorge à l'indéboulonnable d'en face. À 13 heures, l'ennemi s'appelle Pernaut, à 20 heures, c'est Poivre. Au «20 heures» de France 2, la litanie des présentateurs est tout juste un peu moins interminable que celle du «13 heures» : depuis août 1987 que PPDA murmure le monde au «20 heures» de TF1, la Deux a épuisé Henri Sannier, Christine Ockrent, Bruno Masure, Paul Amar, Daniel Bilalian, re-Bruno Masure, Claude Sérillon, tandis que David Pujadas s'accroche à son fauteuil depuis 2001.

Un *turn-over* moins frénétique qu'à 13 heures, car l'écart entre les JT du soir des deux chaînes est moins important qu'à la mi-journée. Quand Pernaut met systématiquement trente points dans la vue à son challengeur de la Deux, PPDA en met moitié moins à Pujadas.

Alors quoi ? Le «20 heures» de France 2 est-il meilleur que le «13 heures» ? PPDA est-il moins bon que Pernaut ? Pujadas fait-il un journal plus efficace ? Hervé Brusini, ancien rédacteur en chef du «20 heures» de France 2, est formel : «*Quand les chiffres d'audience arrivent, soit on a le moral dans les chaussettes, soit on est content, mais l'Audimat ne s'est jamais traduit par un souci de composition du journal. Nous n'avons jamais dit que tel ou tel sujet serait supprimé parce qu'il n'est pas rentable en termes d'audience. Jamais nous n'avons choisi les événements en fonction de leur audience possible.*»

Beau discours que celui de Brusini qui, tout de même, tempère. Lors de son arrivée à la direction de l'information de France 2 période Elkabbach, en 1994, Jean-Luc Mano se penche sur les audiences du journal. «*Mano,* raconte

Brusini, *a mis sur la table la question des "Guignols" et du "Six minutes"* », diffusés à cheval sur 20 heures et qui empêchent donc le JT de faire le plein de téléspectateurs dès le début. «*Nous nous sommes alors posé la question de la structuration du JT. Jusqu'alors, il avait toujours été structuré de la même façon qu'un canard de presse écrite : étranger, politique, société et la culture à la fin. Quand on arrivait aux sujets "culture", on donnait au téléspectateur le signal que le JT était terminé.* » Et le téléspectateur de zapper vers la concurrence.

Voilà donc France 2 qui se met, non pas à tenir compte de l'audience, mais, attention c'est subtil, à veiller à la composition de son journal. «*L'idée,* explique Brusini, *c'était de relancer le JT par un sujet fort à 20h04*», quand «Guignols» et «Six minutes» ont tiré le rideau. Exemple qui, se souvient Brusini, lui a occasionné une «*belle engueulade*» de la part de la rédaction. En pleines grèves de décembre 1995, le 12, Brusini choisit d'ouvrir le «20 heures» par la libération des pilotes français retenus en Bosnie, alors qu'aux yeux de la rédaction, la vraie actualité est du côté du mouvement social. «*C'était par souci du public,* plaide-t-il. *À 20 heures, il y avait une plus grosse audience en face, j'ai préféré passer le sujet grève à 20h04, quand les téléspectateurs sont là.*» C'est encore aujourd'hui une pratique courante de David Pujadas et toujours un des griefs de la rédaction. Un journaliste a-t-il un gros scoop que Pujadas le passe en deuxième ou troisième position à 20h04. Tout simplement parce qu'il y a plus de téléspectateurs devant France 2 à cet horaire et tant pis pour la hiérarchie de l'information.

A contrario, quand, par exemple, Claude Sérillon prend les rênes du «20 heures» de France 2 afin de *«redonner à l'information ses lettres de noblesse»*, souligne mi-figue, mi-raisin Hervé Brusini, il arrive que le JT soit à côté de la plaque. *«Claude voulait faire de l'info par grandes séquences, d'abord systématiquement l'étranger, toute l'info étranger, puis la politique, toute l'info politique, et ainsi de suite. Résultat : il n'y avait plus la valeur de chaque info et le jour où Sid Ahmed Rezala est arrêté, l'info est passée à 20h22 chez nous alors que tous les autres JT ont ouvert dessus.»* Ce qu'en journalisme, on appelle un ratage. En même temps, l'affaire du «tueur des trains» valait-elle l'ouverture du JT de 20 heures ? Affaire de choix.

Pour Hervé Brusini, la concurrence avec TF1 est naturelle : *«Quand j'étais au "20 heures", je voulais les battre, mais vraiment viscéralement. On a tous, nous, journalistes, l'envie d'être devant mais ce combat est aussi politique. J'ai été dans la course à TF1, dans la course au scoop, même de manière hystérique, mais c'était l'envie de pratiquer un journalisme offensif, un journalisme qui va voir sur le terrain, qui va là où on ne veut pas nous voir.»* Plus prosaïquement, TF1 guette France 2 et vice versa : *«Oui, en régie, on suit le JT de TF1»*, explique Brusini. Et en plateau, *via* un petit écran de contrôle placé sous le bureau du présentateur ? *«Oui, aussi, mais il m'est arrivé de le supprimer car c'était la source de psychodrames.»*

3. La soupe à l'info

Il est 20 heures, ce 3 février 2004. La mappemonde du générique du journal de France 2 tourne, tourne et disparaît pour laisser place à David Pujadas. Sur l'écran s'inscrivent ces mots : «*A. Juppé le retrait.*» Pujadas annonce : «*Alain Juppé a tranché. Après sa condamnation, il a décidé de prendre du champ avec la vie politique pour se consacrer au combat judiciaire. Un retrait qui sera progressif.*» Suivent plusieurs sujets quasi-nécrologiques retraçant la carrière de Juppé. Boulette. Énorme boulette. En face, sur TF1 où l'interroge Patrick Poivre d'Arvor, Alain Juppé dit l'inverse. Qu'il ne veut pas mettre «*la clé sous la porte comme cela*». Pourtant, Pujadas l'a vu, lui aussi, sur son écran de contrôle réglé sur TF1. À 20 h 16, il tente de se raccrocher aux branches. Ce sera finalement «*un retrait, mais un retrait progressif, un retrait partiel et surtout un retrait qui n'est pas définitif*».

Pujadas-Juppé : un symptôme

Trop tard. La faute de Pujadas va avoir sur la rédaction un effet de catharsis en mettant le doigt là où ça fait mal : la course à l'échalote. La course désespérée que France 2 mène derrière TF1 ne pouvait se terminer que dans le mur. Tout était réuni. Un homme politique de droite qui choisit d'aller sur TF1 plutôt que sur France 2, une vieille habitude. Il vient y chercher l'audience et, espère-t-il, les questions qui ne fâchent pas. En face, la rage d'Olivier Mazerolle, directeur de l'information de France 2, et de son présentateur vedette, David Pujadas, de voir qu'encore une fois, c'est la Une qui aura le scoop.

«*La venue de Juppé sur TF1 les a mortifiés,* raconte un journaliste de la Deux (*Libération* du 10 /02/2004), *et ils se sont dit : "On va les griller, on va donner avant eux l'info que tout le monde attend."* » C'est comme ça que ça se passe à la rédaction de France 2, Mazerolle reprochant aux journalistes – raconte l'un d'entre eux – de n'être «*pas assez gentils avec les hommes politiques*». Des journalistes sous pression : « *On se fait engueuler quand une image est sur LCI et pas chez nous.* » Et d'autres, se plaignant de n'être plus que «*des porte-micros*» corvéables à merci : « *On a vraiment du mal à faire passer des sujets de fond sur la politique, c'est facile de rigoler sur les oreilles du président, mais la politique, c'est autre chose.* »

Ce mercredi 3 février 2004, Mazerolle et Pujadas

décident de passer outre la réalité. À l'antenne de France 2, il n'y aura pas un mot de la présence de Juppé chez la concurrence. C'eût été simple : « Alain Juppé a choisi d'annoncer sa décision chez nos confrères de TF1. » Trop simple. C'eût été avouer la toute-puissance de la Une, admettre sa faiblesse, admettre que sur France 2 aussi, on était suspendus aux lèvres onctueuses de PPDA.

Alors Mazerolle et Pujadas ont tenté le coup. D'ailleurs, toutes les rédactions ne bruissaient-elles pas, en cet après-midi du 3 février 2004, du départ de Juppé ? Oui, mais voilà : il n'avait encore rien dit.

L'affaire suscite de hauts cris. Convocation de Marc Tessier, président de France Télévisions, et de Christopher Baldelli, directeur général de France 2, devant le CSA pour s'y faire passer un savon. La Deux est mise en demeure de respecter *« l'honnêteté de l'information »* inscrite dans son cahier des charges, une première en matière de journal télévisé (pour l'affaire PPDA-Castro, le CSA s'était contenté de constater les faits, sans même citer de noms). Tollé partout. Motion de défiance à France 2. Mazerolle est écarté de la direction de l'information, oh, juste un peu : il ne quittera véritablement la chaîne qu'en août 2005 ! Après de molles excuses à l'antenne, le 4 février (une *« erreur d'interprétation »*, dit-il), Pujadas écopera de deux semaines de mise à pied, enfin presque : enchaînée avec des vacances, la sanction passera totalement inaperçue.

Facile pour Bruno Masure, ancien locataire du « 20 heures » de la Deux, de faire la leçon mais, dans une lettre ouverte à Pujadas publiée dans *Libération*, il décrypte bien la faute : « *Non, David, la "bourde" Juppé n'était pas une "maladresse", comme tu l'as justifié à l'antenne, mais bien la résultante d'une politique éditoriale dévoyée, conséquence d'une fuite en avant dans l'info jugée "accrocheuse". Déjà, consacrer dix-sept minutes du JT à la fin du "Juppéthon" était une aberration journalistique : imagine-t-on* Le Monde *consacrer dix-sept pages sur quarante à cet événement planétaire ? Vous l'avez vérifié à vos dépens l'autre soir : quand on rêve de "niquer la Une", quand on conduit trop vite sur un terrain verglacé, on s'expose aux dérapages incontrôlés et, parfois, on va dans le fossé ! Que faire ? Stopper cette stupide course aux vrais-faux scoops, arrêter de singer la Une, puisque les téléspectateurs préféreront toujours l'original à la copie. En gros, ne plus prendre les téléspectateurs pour d'aimables benêts, mais, au contraire, parier sur leur intelligence, leur soif d'apprendre et leur envie de comprendre le monde qui les entoure.* »

Vœu pieux. Et leçon de morale facile quand on n'est plus de la partie, ont pesté certains à France 2 en rappelant que le « 20 heures » de Masure n'était déjà pas un modèle du genre. Et pourtant, au sein de la rédaction, la bourde de Pujadas a réveillé un débat de fond sur l'information. Sur la tentation pour le présentateur de vouloir diriger le journal seul en collaboration avec le directeur de l'information, comme c'est le cas à TF1, alors qu'à France 2, traditionnellement, les journaux sont ceux de la rédaction. Sur la course au scoop, le fait de vouloir aller vite, toujours plus vite, le manque d'analyse des journaux télévisés : depuis combien de temps ne voit-on plus les journalistes spécialisés venir en plateau ? Quels journalistes spécialisés, au fait ? De plus en plus, les rédactions sont organisées en « pools », grands pôles au sein desquels les journalistes sont censés être polyvalents donc déspécialisés. Autant de joyeusetés venues de TF1 puis imitées par France 2. Encore.

La dérive de l'information

« *Et de fil en aiguille, la télévision, qui prétend être un instrument d'enregistrement, devient un instrument de création de réalité.* » Combien de cheveux – et pour certains, de discrets toupets – se sont, à la télévision, dressés d'effroi et d'indignation à la lecture de cette sentence de Pierre Bourdieu[1] ? Aujourd'hui, la phrase passe, à tout prendre, pour une gentillette épigramme à peine teintée de sarcasme…

Totalement décrédibilisée, l'info. Trop de Timisoara, de Guillaume Durand annonçant que Pauline Lafont est

1. *Sur la télévision*, Éditions Liber/Raisons d'agir, 1996.

toujours vivante, de PPDA-Castro, de Papy Voise, de RER D et autres quotidiennes entourloupes. De menues grivèleries en bons gros bidonnages, l'info télé est devenue cette espèce de soupe épaisse, pleine de grumeaux, qu'on nous sert tous les soirs. Aujourd'hui, pas un événement ne survient sans s'accompagner de son dérapage télévisuel de plus ou moins grande importance : le 11 septembre 2001 et les chaînes américaines qui refusent de filmer les morts ; la, les guerres du Golfe et leurs envoyés spéciaux qui n'ont rien à dire mais sont en direct de Bagdad ; la, les guerres du Golfe et leurs journalistes physiquement embrigadés – pardon, on dit «*embedded*» – dans l'armée américaine ; la crise des banlieues et les télés françaises qui s'autocensurent pour surtout, surtout ne pas déplaire à celui qui pourrait bien diriger la France en 2007.

Servile la télé ? Elle l'est ontologiquement. Née du bon vouloir du pouvoir gaulliste, administrée par Peyrefitte, libéralisée par Mitterrand qui, preuve de sa grandeur d'âme, y plaça ses affidés, la télé est le bras du pouvoir, son petit bâtard en même temps que sa gagneuse la plus efficace. Si Peyrefitte est bien mort et avec lui son téléphone en liaison directe avec l'ORTF, le cordon ombilical est toujours là. À chaque homme politique que le «20 heures» de TF1 et France 2 reçoit (encore une pratique bien française, là où la britannique BBC se déplace chez l'homme politique pour l'interviewer), le grand patron de la chaîne est là aussi, à côté du journaliste. Qui tient l'autre ? L'homme politique, qui assurera des chantiers à Bouygues et un budget correct à la télé publique ? La chaîne, qui vend à l'homme politique un accès à des millions de téléspectateurs-électeurs ? Qui tient l'autre ? Tout le monde se tient. Ne pas s'étonner alors que la soupe à l'info soit rarement comestible.

Mais le secret de ce brouet n'est pas qu'une histoire de connivence entre les journalistes télé et le personnel politique, après tout aussi vieille que la télévision. C'est la privatisation de TF1, la création des chaînes commerciales, la concurrence acharnée et la quête du Saint-Audimat qui ont créé cette soupe à l'info. Et il est remarquable que sur TF1, chaîne commerciale, les journaux télévisés de 13 heures et 20 heures soient parmi les plus fortes audiences de la chaîne aux côtés de variétés, fictions, matches de foot et autres téléréalités. Des divertissements, du latin *divertere* : détourner.

Détourner, comme détourner l'attention. C'est par ce même processus que Bourdieu explique la place des faits divers – dans le sens de «*faits qui font diversion*» – en ouverture des JT : «*Les prestidigitateurs ont un principe élémentaire qui consiste à attirer l'attention sur autre chose que ce qu'ils font. Une part de l'action symbolique de la télévision, au niveau des informations par exemple, consiste à attirer l'attention sur des faits qui sont de nature à intéresser tout le monde, dont on peut dire qu'ils sont* omnibus – *c'est-à-dire pour tout le monde. Les faits* omnibus *sont des faits qui, comme on dit, ne doivent choquer personne, qui sont sans enjeu, qui ne divisent pas, qui font le consensus, qui intéressent tout le monde mais sur un mode tel qu'ils ne touchent à rien d'important* [1]. »

Les faits *omnibus*, ce sont les volailles qui s'échappent en deuxième titre du « 20 heures » de TF1 ; c'est la neige qui bloque la France, mais c'est aussi le tsunami : c'est le couple anecdotique/spectaculaire qui meut l'info télé, TF1 tout d'abord, dans son intrinsèque quête d'audience, puis les autres par contamination. Problème, explique Bourdieu, ces faits *omnibus* volent le temps des autres infos : « *En mettant l'accent sur les faits divers, en remplissant ce temps rare avec du vide, du rien ou du presque rien, on écarte les informations pertinentes que devrait posséder le citoyen pour exercer ses droits démocratiques.* » Et de rappeler qu'une grande partie de la population n'a qu'une source d'information : la télé. On peut même aller plus loin en soulignant qu'en France, TF1 capte à elle seule un tiers de l'audience globale de la télé, et en notant que plus d'un téléspectateur sur deux en moyenne est devant le « 13 heures » de TF1, et un peu moins de quatre téléspectateurs sur dix devant le « 20 heures ». Une position hégémonique, presque unique au monde, qui assoit son pouvoir mais aussi l'astreint à un devoir de responsabilité vis-à-vis des téléspectateurs qu'elle est censée informer.

---

1. *Ibid.*

TF1

Car la dérive de l'info, ce n'est pas seulement celle, très visible, du RER D. C'est aussi celle, ordinaire, de Pernaut qui clôt un sujet sur les doutes grandissants des enquêteurs sur la véracité de l'agression antisémite dans ledit RER (13/07/2004) en assenant : «*Cette affaire [...] a en tout cas révélé, d'après tous les témoignages recueillis ensuite, la réalité des bandes de voyous qui font régner la terreur dans les trains. Ça c'est vrai.*»

La télé comme «*instrument de création de réalité*» décrite par Bourdieu est là, dans cette sortie de Pernaut devant plus de sept millions de personnes. Comme elle est aussi dans ce sujet du 6 septembre 2005 qui s'échine, par la voix de dames dans un supermarché, à contredire l'info donnée avec mille précautions de langage dans le lancement par Pernaut : «*Selon le secrétaire d'État aux PME, Renaud Dutreil, les prix à la consommation auraient baissé.*» C'est une autre info que nous donne Pernaut, celle qui l'arrange. Celle qui, pense-t-il, sied à son public, une information qui n'informe pas mais conforte le téléspectateur dans ses idées reçues.

Ce sont les mini-doses qui pullulent, «*nous l'avons constaté en faisant nos courses*», tout comme le prix des tomates qui, «*vous l'avez constaté sur les marchés, ne cesse d'augmenter*», et puis «*une journée importante sur le calendrier, vous l'avez constaté, c'est la Sainte-Catherine*». «On l'a constaté» ce que nous raconte Pernaut, on le savait déjà ou bien on s'en doutait, on en était sûr, ça ne nous étonne pas : les voyous dans les trains, les fissures dans les maisons, l'augmentation des prix et que y a pus de saisons ma pauv' dame.

C'est «l'actu à la Pernaut» à l'état pur, sa vision de l'info qui «*fait diversion*», comme le décrit Bourdieu. Et voilà sept millions de personnes détournées de l'information pour aller vers celle qui, selon TF1, leur plaît, leur convient. Écoutez la réponse de Robert Namias, directeur de l'information, aux critiques du JT de Pernaut, c'est toujours la même : «*Ceux qui estiment que le public de Pernaut est composé de sept millions d'abrutis ne sont que des idiots prétentieux* [1]. »

Pas des abrutis, non, des otages. Appâtés, encouragés, cajolés par la vision pernautienne de l'actualité mais aussi sa vision du monde réduite à la France, ses crêpières qui perpétuent la tradition, son dernier charron, ses beaux marchés et ses jolis moulins. L'actualité, le monde tel que Pernaut choisit de les montrer, tels qu'il les invente.

«*Qu'il les invente*» ! Ils poussent un peu là, vous dites-vous, lecteur, après tout elle existe aussi cette France-là, cette actualité-là. Eh bien, lecteur ami, si tu crois au Père Noël, ne lis pas les lignes qui vont suivre. Voici comment Jean-Pierre Pernaut a le plus sérieusement du monde ouvert son «13 heures» du 21 décembre 2005, regardé ce jour-là par 7 430 400 personnes.

---

1. *Le Monde*, 9/04/2001.

À l'image, un vieil homme en costume rouge et barbe blanche sort d'un chalet en bois et monte dans un traîneau attelé à un renne. Commentaire en voix off de Pernaut, qui n'a pas encore pris le temps de dire bonjour ni même fait son «*coup d'œil habituel*» aux prévisions météo : «*Et tout de suite, l'image du jour : ça y est, le Père Noël a quitté son quartier général pour entreprendre sa grande tournée des cheminées. Comme il habite très loin, dans le froid glacial du Grand Nord, eh bien, il est parti tôt, vous le voyez, avec son traîneau et ses rennes, pour avoir le temps d'arriver samedi soir afin de déposer les cadeaux sous tous les sapins des enfants les plus sages. En tout cas, l'essentiel, et on vient de le constater, c'est qu'il soit parti.*»

Le surlendemain, 23 décembre 2005, c'est devant 7 870 720 téléspectateurs que Jean-Pierre Pernaut, sans le moindre sourire de connivence, sans le moindre clin d'œil, commente des images du même homme en rouge aux rênes de son traîneau : «*Toujours à propos de neige, rassurez-vous, le Père Noël continue son grand voyage, on l'a vu partir avant-hier dans ce journal de son quartier général dans le Grand Nord finlandais, eh bien, on l'a retrouvé avec son traîneau, il n'a pas rencontré jusqu'à présent de problèmes de circulation, il s'approche doucement de chez vous et, malgré la neige, il sera au rendez-vous dans la nuit de samedi à dimanche.*»

Eh bien, nous sommes aujourd'hui en mesure de vous le révéler. Jean-Pierre Pernaut a menti : le Père Noël n'existe pas.

Pernaut, le journalisme au ventre

À moins que. À moins que Pernaut prenne ses téléspectateurs pour des enfants... Pour des petits bébés à qui il faut raconter des histoires de Père Noël pour les rassurer. À qui il faut donner la becquée de nouvelles qui, croit-il, leur conviennent, les confortent voire les réconfortent. Lui, Pernaut, est un enfant aussi, il aime le Père Noël, les belles régions, les jolis marchés, il pleure parce que les prix augmentent, que l'essence est chère...

C'est aussi l'enfant d'une époque, celle où il a lancé son journal le 22 février 1988, la première création d'info de TF1 tout juste privatisée. Celle, 1989, où les audiences ont commencé à être mesurées quotidiennement par Médiamétrie. Une époque qui va complètement chambouler l'info télé parce qu'elle se situe à la conjonction de deux révolutions, ainsi que l'analyse Philippe Lefait, ancien présentateur des journaux de France 2. Aujourd'hui à la tête des « Mots de minuit » sur France 2 et retiré de la rédaction, il porte un regard acéré sur l'information télévisée : « *En 1989, le mur de Berlin tombe alors que les technologies explosent. Les idéologies s'effondrent au profit du seul marché et l'Occident a désormais la possibilité d'une image immédiate du monde. Comme le reste, l'info va se consommer.* »

Lefait se souvient du tremblement de terre en Arménie de décembre 1988. Pour la première fois, une équipe de télé embarque dans un Hercule C-130 une parabole et peut montrer les images de la catastrophe immédiatement à l'autre bout de la planète. C'est, décrit le journaliste, «*le monde tout de suite*» et c'est aussi les régions tout de suite, ce que TF1 comprend immédiatement en mettant en place son réseau avec la PQR dès 1987. Là où la prouesse technique du journal de Mourousi consistait à sortir du studio télé, celle du journal de Pernaut est de sortir de Paris, d'avoir toutes les régions, tout de suite, dès 13 heures, alors que l'actualité est en train de se faire. Mais la technologie, tout en simplifiant le travail de journaliste, l'a aussi profondément modifié.

«*La technologie a permis une incroyable compression du temps,* explique Philippe Lefait, *mais elle a totalement "flingué" notre manière de travailler. Cette compression du temps laisse moins de place au médiateur, c'est-à-dire le journaliste, celui qui mettait de la distance entre les informations et le téléspectateur. Une médiation constitutive d'un espace démocratique, sinon le journaliste et son rôle social risquent de disparaître.*» C'est le règne du tout-images dont Pernaut est le pionnier, puisque le mot d'ordre de son JT, à sa création, était : plus vite, plus de reportages, moins d'institutionnel, moins de blabla, fini les invités en plateau et bonjour le présentateur passe-plat. Des ingrédients qui ont aujourd'hui contaminé toute l'info télé. Mais en France, c'est le journal de Pernaut qui, le premier, les a mis en place.

Le tout-images et la compression du temps entraînent d'autres modifications du journalisme cathodique qui se retrouveront plus tard dans la presse écrite : le genre noble du journalisme, l'investigation, s'étiole, l'analyse disparaît peu à peu, et le journaliste se transforme en pourvoyeur d'info au kilomètre. Conséquence, il devient de plus en plus précaire : « *Sur le terrain,* souligne Lefait, *mes confrères sont aujourd'hui dans l'obligation de remplir le tuyau. Ils n'ont plus le temps de la distance critique. Il leur faut aller vite pour griller une concurrence dont une partie débite l'info en continu. Dans cette course à l'efficacité immédiate, je remarque que les rédactions des grandes chaînes de télévision ont été peu à peu réorganisées. Les services spécialisés ont été remplacés par un "pool de reporters". Les journalistes de terrain sont donc désormais organiquement amenés à tout faire très vite.* » Et c'est sans compter la brutale apparition, sur le Web, des blogs où chaque internaute s'est autoconsacré journaliste.

Parallèlement aux conséquences des avancées technologiques, la chute des idéologies entraînée par le mur de Berlin amorce, à la fin des années 1980, de nouveaux cultes : « *Les idées sont mortes. Dépenser, consommer, briller sont des valeurs de substitution. La frime contre le ciboulot!* plaisante Philippe Lefait, qui ajoute : « *Logique, dans ces conditions, que les journaux télévisés ne parlent plus à l'intelligence du citoyen mais à l'émotion du téléspectateur.* »

Cette dérive entraîne une perversion du journalisme très concrète : « *On est passé de l'explication au testimonial, du sens à l'instinct et de la tête au ventre.* » Illustration : le micro-trottoir que les JT emploient à tour de bras. La pratique gagne même la presse écrite, en commençant par la presse populaire (la rubrique « Voix express » d'*Aujourd'hui en France-Le Parisien*), et bien au-delà. Le micro-trottoir qui est le carburant du « 13 heures » de TF1, peu importe que dans les campagnes d'où les journalistes les rapportent il n'y ait pas de trottoir, le « 13 heures » de Pernaut n'est fait que de ça. Toutes ces dames dans des marchés qui assurent que les prix ont augmenté, tous ces petits vieux, ces commerçants qui ont vu l'inondation et délivrent leur analyse, tous ces automobilistes qui trouvent que la neige qui bloque les routes, « *c'est pas normal* », tout ça, c'est du micro-trottoir. C'est pratique, c'est vite fait, et on peut lui faire dire ce qu'on veut, au micro-trottoir. Pernaut en est le champion, les autres ont suivi.

Pernaut, en tant que précurseur et vulgarisateur de ce genre de pratiques journalistiques, est un laboratoire de l'information dont les découvertes et les expériences essaiment peu à peu les autres journaux. C'est le premier et le seul journal télévisé créé, sur une chaîne hertzienne, depuis ce tremblement de terre médiatique qui a vu la consommation de télévision augmenter sans cesse, qui a vu les ventes de la presse écrite quotidienne s'effondrer, qui a vu l'apparition d'Internet.

Pour Philippe Lefait, «*le reste du monde effraie, la proximité rassure, comme le biniou, en bois et de facture si authentique, dont me parle Jean-Pierre Pernaut. Je ne suis pas sûr que ses dirigeants en aient eu l'intuition, mais il y a dans le journal de 13 heures de TF1 une réponse, inconsciente ou non, à la peur de l'autre et de l'inconnu, à la perte de repères dans le monde occidental et son besoin de se recentrer sur lui-même. Jean-Pierre Pernaut, c'est celui qui va voir le grand-père, qui nous rappelle que dire "bonjour" c'est important. Ce journal réconforte, c'est un ventre, il s'adresse à des bébés qui ont besoin d'être rassurés,* sourit Philippe Lefait. *C'est une magnifique nourrice*».

Avec le «13 heures» de Jean-Pierre Pernaut, on cesse de parler à la tête du téléspectateur, de l'informer, on s'adresse à ses sens, à son instinct, à son ventre, on le conforte dans ce qu'il sait déjà, on l'attendrit avec de l'émotion. «*De ce journal qu'ouvre symboliquement la météo, est gommé ce qui pourrait remettre en cause la vision du monde, positive ou négative, du téléspectateur,* ajoute Lefait. *Son utilité n'est pas de faire réfléchir mais d'adoucir l'horreur du quotidien. C'est une assurance, un baume!*»

Et c'est ce baume, cette absence de réflexion, cette inutilité, cette démagogie qui, depuis dix-huit ans, s'inocule doucement dans l'information télévisée et rend les cerveaux disponibles. On ne sent rien, ça se voit à peine, et pourtant il y a des morceaux de Pernaut partout à la télé.

Partout la treizeheurisation de l'information avance. Pas une chaîne, pas un directeur de l'info ne l'admettra, car Pernaut avance masqué sous sa caricature, grimé en dernier savetier de Trifouillis-les-Oies. Personne, même à TF1, ne le prend vraiment au sérieux, ne le voit venir.

Pendant ce temps, et depuis dix-huit ans, Pernaut fait avaler sa soupe à plus de sept millions de téléspectateurs : une cuillère pour Jean-Pierre, une cuillère pour Mougeotte, une cuillère pour Le Lay, une cuillère pour Coca-Cola.

Annexes

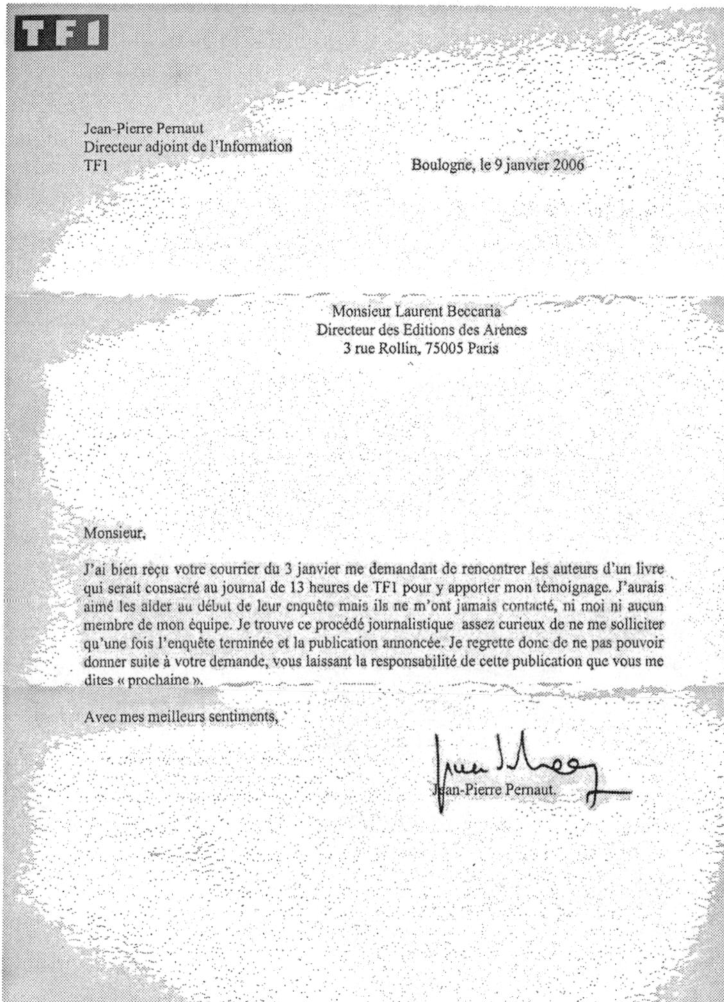

TF1

Jean-Pierre Pernaut
Directeur adjoint de l'Information
TF1

Boulogne, le 9 janvier 2006

Monsieur Laurent Beccaria
Directeur des Editions des Arènes
3 rue Rollin, 75005 Paris

Monsieur,

J'ai bien reçu votre courrier du 3 janvier me demandant de rencontrer les auteurs d'un livre qui serait consacré au journal de 13 heures de TF1 pour y apporter mon témoignage. J'aurais aimé les aider au début de leur enquête mais ils ne m'ont jamais contacté, ni moi ni aucun membre de mon équipe. Je trouve ce procédé journalistique assez curieux de ne me solliciter qu'une fois l'enquête terminée et la publication annoncée. Je regrette donc de ne pas pouvoir donner suite à votre demande, vous laissant la responsabilité de cette publication que vous me dites « prochaine ».

Avec mes meilleurs sentiments,

Jean-Pierre Pernaut

Après plusieurs demandes d'interview auprès de Jean-Pierre Pernaut et autant de réponses négatives, début 2006, Laurent Beccaria, directeur des Arènes, tentait sa chance. Voici la réponse du présentateur. Sourions de son étonnement quand il qualifie de « *procédé journalistique assez curieux* » le fait d'enquêter sur un sujet avant de rencontrer le principal intéressé.

LUNDI, le 2 2 FEV. 1988

FACES/TRINH DINH/GIULIANI/LEBLANC/ LUNDI 22 FEVRIER 1988 1/3

C. MONTEIL

G. GALEY

CONDUCTEUR DU JOURNAL DE 13 HEURES

JEAN-PIERRE PERNAUT

KPCA.A.88.02.22. 3/5

camille

JET		0		GENERIQUE		13H00.10
DIAS BL		1	751	PLATEAU PERNAUT NOUVELLE CALEDONIE liaison tº CAA 88 007394	Florence DECAMP	TF1 DPV 13H00.40
JET	AHY 880307 DEC 0'25"	2	752	PLATEAU PERNAUT PRESSE PICCARD 007395 RT	PERNAUT	TF1 13H02.10
AHY880412 JET	CPT 1'38"		753	PLATEAU PERNAUT PICCARD / KILLY 007396	TZARRA	TF1+ARCH 13H02.35
Dir	duplex	4	754	PLATEAU PERNAUT Barnier / JO - Lyon 007397		unil 13H04.35
AHY 880301 JET 1'06"	CPT	5	755	PLATEAU PERNAUT ATTENTATS PARIS 007398	I. G.	TF1 13H06.05

camille SUITE DU CONDUCTEUR DU JT 13H DU 22.02.88 KPCA.A.88.02.22 3/5 LUNDI, le 2 2 FEV, 1988 2/3

JET	CPT	6	756	PLATEAU PERNAUT ACTION DIRECTE 007399	MARTINBAD	TF1 13H07.35
DIRECT		7	757	PLATEAU PERNAUT MADAME RUDETZKI SOS ATTENTATS 007400		HF 13H09 -
AHY 880224 JET 1'20	CPT	8	758	PLATEAU PERNAUT BILAN TERRORISME 007401	MADELIN	EVN 13H11.45
EM	BL ou CPT	9		PLATEAU PERNAUT		EVN
EM	BL ou CPT	10	759	PLATEAU PERNAUT SCHULTZ / CHEVARNADZE 007402	GOSSET	13H16.15 EVN 13H13.15
			760	inondations RIO 007403	J. THomet	
EM	OFF	11	761	PLATEAU PERNAUT ISRAEL 007404	~~PERNAUT~~	EVN 13H14.35
EM	CPT	12		PLATEAU PERNAUT HIGGINS non diffusé	JENTILE	VIS

SUITE DU CONDUCTEUR DU JT 13H DU 22.02.88 KPCA-A-88.02.22 3/5

LUNDI, le 22 FEV. 1988 3/3

AKM 880309 JET 0'58" CPT	13	762	plateau pernaut LES ECHOS 007405	BRUNETTI	TF1 13H17-25
AKM 880305 JET 1'40 CPT	14	763	PLATEAU PERNAUT + F. de CLOSETS BIC 007406	ECO	TF1 13H20
AKM 880291 JET 1'35" CPT	15	764	PLATEAU PERNAUT ENCADRE TABLEAU HONNEUR REGIONS 007407	BERROU	TF1 13H22-05
AKM 880308 JET CPT 0'40	16	765	PLATEAU PERNAUT TABAC 007408	LEMOINE	TF1 13H21
JET CPT	17		PLATEAU PERNAUT TELE-EVANGELISTE non diffusé	LE PERS	TMC/DOC EXT
JET AKM 880300 CPT 1'50"	18	766	PLATEAU PERNAUT CITES-CINES 007403	DECAT	13H24 TF1
DIR + BL		767	migration des baleines 007410	Pernaut	13H26.10
			PLATEAU PERNAUT + GENERIQUE FIN JOURNAL		
EM CPT		768	CALGARY 007411		13H27
JET DIR			GENERIQUE AXA BOURSE BOURSE		13H33 - ST EXT

Sont reproduits ici les conducteurs - c'est-à-dire les plans - des journaux télévisés de 13 heures de TF1 (*ci-contre*) et d'Antenne 2 (*pages suivantes*) en date du 22 février 1988. C'est ce jour-là, un lundi, que Jean-Pierre Pernaut s'installe définitivement dans le fauteuil d'Yves Mourousi. Sur Antenne 2, ce sont William Leymergie et Patricia Charnelet qui officient. Ce 22 février 1988, les deux JT parlent Nouvelle-Calédonie (des gendarmes ont été pris en otages) et Jeux olympiques de Calgary. Ils traitent peu ou prou de la même chose. Le « 13 heures » de TF1 n'a pas encore pris le tournant folklo-régionaliste qu'on lui connaît aujourd'hui.

GOSSELET/BAUDOIN

MEYER Sylviane

Antenne2

JOURNAL DE 13 H 00

LUNDI 22 FEVRIER 1988

KPCAB.88.02.22

3/4.

FRANSOISE / Fifi

EN + EN	GENERIQUE + TITRES COCKER		13H00' JE
EN	PLATEAU LEYMERGIE OTAGES		13H01' JE
DIR KPCAM 88.0168	PLATEAU WL + PC GENDARMES NOUVELLE CALEDONIE (721) COLONEL ALLES		13H02' A2 -7412- 13H03'
EN	PLATEAU WL + PC ACCIDENT BORDEAUX (722)	VERDEILHAN	ARCH JE -7413- 13H08'
KPCAM 88.0168 0'50 (+VE)	PLATEAU WL + PC ATTENTATS ~~AUXION ODERDOT~~ PARIS (723)	PELE	13H09' JE -7421-
EN	PLATEAU WL + PC RAPPEL ROUILLAN (724)	BRUSINI	13H11' ARCH -7424-
EN	PLATEAU WL + PC PROCES ACTION DIRECTE	BRUSINI	HF2
EN	PLATEAU WL + PC FAMILLE PICCARD (725)	E.VANNIER	13H12' UNFL -7427-
KPCAM 88.0168 1'35 (+VE)	PLATEAU WL + PC RUGBY - NOAH - MERLE - PICCARD (726)	VERNON	13H16' JE -7435-
KPCAM 88.0168 1'50 (+VE)	PLATEAU WL + PC LES DUCHESNAY (727)	BLANCO	13H18' JE -7436-
KPCAM 88.0168 1'00	PLATEAU WL + PC + LECLERC PROBLEMES AIRBUS (728)	HESTERS	13H22' JE ARCH -7438-
KPCAM 88.0168 1'10 (+VE)	PLATEAU WL + PC INONDATIONS RIO (729)	MONTPONTET	13H23' EVN -7439-
KPCAM 88.0168 1'45	PLATEAU WL + PC BALLADUR CREDIT AGRICOLE (730)	HANO	13H27' JE -7440-

→

Sylviane.

KPCAB 88.02.22.
3/4. (Suite et fin)

DIRECT	PLATEAU WL + PC BOURSE : LES COURS			13H25' HF
EM	PLATEAU WL + PC SALON DU PAIN Non diff		EISELE	JE
EM	PLATEAU WL + PC PUB GLAMOUR (731)	-7441-	DUFOUR	13H29' JE
[illegible] 88.0168 1'50	PLATEAU WL + PC + MATHILDA MAY EXTRAIT : LA PASSERELLE (732)	-7442- -7443-		13H30' DOC EXT 13H32'
EM	PLATEAU WL + PC + MATHILDA MAY + JOE COCKER CLIP JOE COCKER (733)	-7444- -7445-		13H36' DOC EXT 13H35'
EM	PLATEAU WL + PC METEO + LYS			13H39' JE
S T30	PLATEAU WL + PC generique			13H42' BL

Table

Cet ouvrage a été édité sous la direction de Mehdi Ba.
Il a été révisé par Liliane Crapanzano.
La couverture et la grille de mise en page
ont été réalisées par Placid
et la maquette par Daniel Collet (In Folio).

Impression réalisée sur CAMERON par
BUSSIÈRE
GROUPE CPI
à Saint-Amand-Montrond (Cher)
en février 2006

Numéro d'impression : 060458/4
Dépôt légal : février 2006
Imprimé en France
ISBN : 2-912485-69-X